无印良品世界观

（日）松井忠三 著
良品计划前会长

吕灵芝 译

Tadamitsu Matsui

無印良品が、世界でも勝てる理由
世界に"グローバル・マーケット"は、ない

新星出版社　NEW STAR PRESS

目　录

contents

前言

序章　MUJI 在世界上究竟有多受追捧？
无印良品不以"海外迅速扩张"为目标 _002 / 为何法国"有许多与 MUJI 思想产生共鸣的人"？ _008 / 欧洲的"制胜模式"很难找到 _012 / 中国乌鲁木齐市"最想要的店铺"第一名 _016 / 为什么文具品类在澳大利亚大受欢迎？ _020 / 利用 MoMA 实现理想开端的美国 _023 / 加拿大一号店开张时"热泪盈眶"的原因 _027

Chapter One
坚持不懈，直到成功——"尽早"进军，"切实"进军
"MUJI"在世界腾飞之日 _032 / 海外的 MUJI 曾经"连续十一年赤字" _037 / "不屈的灵魂"与"房租精算" _043 / 商标之争——无法在中国开店的原因 _048 / 一号店出现赤字——既不撤退，也不再开 _054 / "早期进入"这一大原则 _058 / 没时间烦恼"是否要进军海外" _063

Chapter Two

用"巡航速度"扩大经营吧——七种方法,决胜海外!

方法一 保持独特性 _069 / 方法二 入乡随俗 _076 / 方法三 确立全球化的三个条件 _080 / 方法四 永远将成本放在首位 _091 / 方法五 构筑不会失败的机制 _098 / 方法六 让开店节奏适应各地的品牌渗透度 _104 / 方法七 如何选取适合海外工作的员工? _112

Chapter Three

"日本之好"也能成为武器吗?——"概念"很重要

世界追求的"日本式服务"究竟是什么? _118 / "这样'就'好"——重视这种理念 _121 / 销售的不是"商品"而是"生活方式" _126 / "为简而简的商品"无法决胜 _130 / "香薰"为何人气如此旺盛? _136 / "日本人的协调性"也能成为力量! _139

Chapter Four

"商品被追捧的方式"在海外是不一样的——应重视"发现"多于"制造"

"能够代替任何东西"的商品力 _146 / 收纳盒,棉花糖……"出人意料的人气商品"的秘密 _150 / "白色"也有很多种类 _157 / 无印良品一直在磨炼的"发现力" _161 / 并非"制造",而是"发现"——FOUND MUJI_165 / 那双"直角袜"是这样诞生的! _167 / 孕育了世界最前沿的设计——WORLD MUJI_175 / 在日本畅销的商品"会成为常设商品"_180

Chapter Five

"MUJI 主义"没有国界——如何渗透品牌哲学理念

当地员工聘用标准是"喜欢 MUJI"_184 / 当地员工用"主流"来培养 _189 / 品牌理念"彻底共享"的机制 _194 / 让海外员工浸染 MUJI 主义 _200 / 不用广告的"宣传"方法 _204 / 对顾客也要"明确说明"理念 _210 / "与全世界顾客进行交流"的互联网活用方法 _215

Chapter Six

能找到"各国独特常识"的人——"活跃在世界舞台的人"的心得

能在海外活跃的人具备"八个条件" _220 / 要学会游泳只有"下水一游"才行 _231 / "各国独特的常识"该如何寻觅 _235 / 当地"人与人的关系"非常重要 _239 / 如何深入当地人际网络 _243 / 去海外赴任前需要准备的东西 _246 / 消灭海外发展的大敌"OKY" _250 / 日本的常识,是世界的非常识 _253 / 热情能促使人展开行动 _259

特别访谈

"在海外不断取胜的 MUJI"之关键人物,良品计划社长松崎晓先生问答

西友时代交涉离婚,良品计划时代交涉结婚 _267 / 无印良品海外事业部的重构 _270 / 让交涉成功的三个基本 _274 / 第一年度出现赤字也能在三年内转为盈利 _276 / 在其他国家建造"展示厅"的创意 _278 / 向海外发展必须先把握自己的长处 _281 / 留在我心中的一句话 _284

前言

无法在世界成功的企业，在国内也难以生存

每每听到"在世界舞台上战斗""到海外发展"这样的话，人们总是很容易觉得那跟自己没什么关系。而拿起这本书的各位想必也不会例外。

"我们公司的商品是面向国内开发的，顾客也都是日本人。跟'全球化'这个词没什么关系。"

可是，即使是在日本国内从事商业活动的人，如今也不得不将目光投向世界了。"没有在世界取胜的力量（不得其法）的企业，在国内也无法生存"——这便是如今这个时代的写照。

无论什么业界的人，都有必要具备在世界舞台上战斗的思考

方法。例如，"到新地区开发时，需要注意到'与那片土地相适应的速度'""要开发无论走到哪里都行得通的商品，不仅要重视'制造'，还要重视'发现'""日本的'常识'在世界上往往会变成'非常识'"……

如此这般，无印良品通过海外发展学到的思考方法，对任何业界的经营活动都很有价值，即使只在日本工作也能够应用得到。

另一方面，目前正在探讨向海外发展的企业，以及单纯对无印良品的海外发展感兴趣的读者应该也很多吧。我在演讲和采访中也经常被问及："为什么无印良品在海外发展得如此顺利呢？"

确实，无印良品的海外店铺正在稳步增加，渐渐成为了受到各地消费者喜爱的品牌。报纸上也经常会出现"良品计划，海外好评"之类的标题。这是为什么呢？

关于这个问题的解答将在正文中叙述，在这里，我先介绍两个要点。

① "无印良品的海外发展,其实存在着鲜为人知的失败历史"

无印良品的海外店"MUJI"目前已经发展到了营业额将近一千亿日元的高度。可是,在到达那个里程碑之前,是一段漫漫长路,也经历了无数的失败。而那种不断失败的经验,无论对无印良品还是对我,都是不可替代的"财富"。"这样做会输"的认识,不经过实践是无法获得的。我已经于二○一五年五月从良品计划会长一职退任下来,趁这个时机,我想在本书中与大家共享我们的"财富",这也是我写作的目的之一。

② "在世界取胜存在模式,无论哪个日本企业都能实践"

另一方面,积累失败模式的同时,也能够从中抽取出某种制胜模式。而这个制胜模式,一经语言叙述便是非常基本而简单的东西。目前在海外取得成功的企业还是少数,不存在"在哪里怎样战斗才能赢"的教科书。所以,我也希望本书能够为读者们提供一些灵感,为日本经济发展做出一点贡献。

那么，接下来我就从商品、企业理念和品牌战略、经营以及人才等几个方面进行叙述。序章里首先以报道材料为基础，介绍了目前世界是如何看待无印良品这个品牌的。或许读者们会觉得里面全是好话，但请意识到，在到达那个层次前，我们经历了许许多多的失败。

我认为无论海外还是日本，商业的本质都是不变的。无印良品的海外战略可以说是所有企业都能使用的基本方法，只要熟知"基本"，构筑"机制"，必定能在世界通用。最重要的是在获得成功之前不懈地努力。我相信，那样一来，就算要花上一点时间，最终必定能打开一条通途。

松井忠三

*本书在论及海外店铺与品牌时采用"MUJI"表述，除此之外皆表述为"无印良品"，两者运营公司均为"良品计划"。

序章

MUJI 在世界上究竟有多受追捧？

无印良品不以"海外迅速扩张"为目标

从无印良品进军海外到现在,已经过去了二十四年。在此期间,无印良品的业务发展到了二十五个国家及地区,设立了三百零一间店铺。

海外的MUJI经常被拿来跟优衣库一起报道。截至二〇一五年八月底,优衣库已经在十五个国家开设了七百九十八间店铺。自二〇〇一年才开始进军海外,优衣库仅用十四年时间就发展出了MUJI两倍以上的店铺。

仅看数字进行比较,或许有人会认为"MUJI在海外的发展没有优衣库好吧",但我们却觉得"这样就好"。这种速度甚至可以说充满了无印良品的风格。

MUJI的开店速度绝对说不上快。因为**我们会确保每家店铺收回了投资成本并实现盈利后,再设立新的店铺**。我们就是靠着这种办法,坚定而脚踏实地地增加着店铺数量。同时,这也是为了减少经营赤字,防止最终不得不从海外撤回的"失败模式"。

另一方面，百元店大创自二〇〇〇年开始进军海外，目前已经在二十六个国家开设了一千四百间店铺（二〇一五年三月统计）。

大创在海外也很少有直营店铺，而是采取加盟方式（加盟者成为店铺所有人，向加盟总部支付加盟费，总部将旗下开发的商品和服务、方法等提供给加盟者）增加店铺。他们和当地企业缔结加盟合约，由那个企业从日本采购商品进行销售。

虽说是"百元店"，但在海外由于地域不同价格也会不一样，据说在美国是一美元，加拿大是两加元，而在中东地区则约等于二百日元。美国还有另外两家企业正在发展一元店业务，这让大创目前陷入了苦战，不过因为日本百元店的商品质量优良，在那边的评价似乎很不错。二〇一二年他们进入中国内地，目前已经开设了三十四间店铺。据说因为中国顾客对日本产品的品质特别信赖，店铺门口甚至会排起长龙。

能够保持如此高的开店节奏，应该还是归功于加盟方式吧。

同样，经营便利店的7-11和罗森在海外好像基本上也都采取了加盟方式，将运营交付给每个国家的加盟商。7-11目前在海外已经拥有超过三万八千间店铺,"全家"拥有超过五千间店铺,罗森也已经开设了超过五百五十间店铺,其店铺数量和规模是其他行业难以比拟的。

可是与此同时,"全家"于二〇一四年取消了与韩国当地加盟商的合作关系,从韩国市场全面撤退。当时其在韩国店铺数量已经高达七千九百二十五间,是海外最为庞大的店铺网络。根据报道,由于撤出的两年前,当地法人将店名改为"CU",开始了自主经营,使得两者之间龃龉渐深;而韩国的规制强化使得二十四小时经营变得更加困难,这也成了取消合作的原因之一。

果然,将运营完全交付给当地加盟商的方式难免会出现疏漏,且难以建立企业独特的风格和运营方法。进军北京的7-11在二〇一四年爆出了两亿日元的赤字,看来就算是大型便利店连锁企业也还在苦战之中啊。

MUJI 之所以不以快速扩张为目标,是因为我们的目的并非独占市场。

无印良品本来就不是追求"一人独胜"的企业。就算店铺数量少,但唯有无印良品在各地都拥有死忠粉丝。不像经营服装的优衣库,会与H&M和GAP等店铺形成竞争关系,光顾那种店铺的人们应该也不会产生"我只愿意在这间店买东西"的想法吧。

至于MUJI,无论在哪个国家都能获得"买了MUJI的文具之后,再也不想去别的店买了""这么方便的收纳小物,在其他地方根本找不到"这样的评价。只要能获得那种"只愿意在这里买东西"的粉丝,店铺就能在那个国家得到长久的喜爱。

而MUJI在海外还有一个卖点,那就是"日本色彩"浓重。

优衣库和H&M、GAP等品牌是无论在哪个国家都能穿着的时尚服装,自然拥有走到任何地方都能被接受的长处,但相对而言就缺乏了那些品牌原生国家的特征。又如宜家,其店铺内销售的商品也并没有非常强烈的北欧风情。

可是MUJI却在世界打响了只诞生在日本、来自日本的制造商这个名号。

那是因为,以禅和茶道等为代表的日本美学意识和高度精神性，在MUJI的商品中得到了鲜明的反映。

要开发出能在海外得到普遍接受的商品，关键在于如何打造出品牌的个性。或许是通过融合无印良品特色和日本特色，我们成功地在顾客心中留下了"日本品牌MUJI"的印象。

虽然MUJI的海外事业目前总算是走上了正轨，可是在开始进军海外之后的这二十四年间，还是有十一年经历了连续的失败。详细情况我会在第一章进行说明，总之，当时的MUJI不慎陷入了"失败的模式"。尽管如此，那十一年却绝对没有被浪费。因为我认为，**唯有将失败模式积攒到一定程度，才有可能找到制胜模式**。正因为经历了各种各样的失败，才有可能找到成功的方法。

世界上并不存在从一开始就能成功的海外事业教科书，我们只能一边失败一边学习。

现在，MUJI在美国、法国、中国、韩国等国陆续开设了旗舰店（开设在大都市一等地段，代表了企业和品牌的大型路面店铺）。这意味着我们总算拥有了能够在海外做到那一步的能力，同时也意味着我们的海外战略迈上了一个新的台阶。

然后，在不久的将来，海外店铺数量应该会超过国内店铺数量吧。到那个时候，无印良品就会变成"世界的日本MUJI"了。

为何法国"有许多与 MUJI 思想产生共鸣的人"?

MUJI 在法国开设第一间店铺,已经是十七年前的事了。

在法国,由于我们开店过于急躁,在某个时期甚至出现了八间店铺中有四间被关闭的情况。至于现在,全部十二间店铺都在顺利运营着。

全世界最理解无印良品的哲学理念、最能与之共鸣的国家,说不定就是法国。还有顾客说:"每次进入店铺都能感受到 ZEN(禅)的思想。"通过简约而不浪费的商品设计和店内展示,他们一定是感受到了无印良品自创始以来便一直非常重视的品牌哲学吧。

因为那里的顾客连我们的品牌哲学都能够深入理解,法国成了世界第一个进行"FOUND MUJI"的国家。

所谓 FOUND MUJI,是从全世界人们日常生活中使用的物品里,发现"良品",再遵循其生活和文化、习惯的变化进行些许改良,加入"无印良品特色",配以合适的价格进行商品化的活动。

日本在东京、青山开设了相关店铺，其他店铺也有部分 FOUND MUJI 的商品销售。青山店铺里搜罗了包含日本在内的世界各国自古传承的道具、布料和衣物等商品进行销售，在无印良品中也属于独树一帜的店铺。

在法国也存在着"细心而专注地使用喜欢的物品，让它长久陪伴自己"的传统理念，我们认为，那与 FOUND MUJI 所追求的观念非常吻合。

于是，二〇一四年九月，我们在巴黎一区开设了欧洲旗舰店 MUJI Forum des Halles Place Carrée，并在店铺一角设置了 FOUND MUJI 展柜。当时，我们与当地的杂货店"merci"合作寻找了许多法国人知道却不熟悉的传统厨房器具，比如具备调节颗粒大小功能的椒盐瓶、两百八十年前就已出现的传统陶盆、用砂岩制作的葡萄酒醋壶等等，都是一些简约而实用的小物，把那个角落装点成了充满法国特色的 FOUND MUJI。

以前有人给我介绍过一篇报道，说"巴黎和伦敦的人们对 MUJI 的印象都是'传统'"（《COURRiER Japon》二〇一三年三月刊)。曾经随处可见的正统良品,在欧洲也已经被忘却了。特别是欧洲的都市,是时尚最前沿的阵地,想必人们都在追求着更新颖更独特的事物吧。

而在二〇〇八年的雷曼事件后,那种潮流似乎开始倾向于回归原点。**剔除冗余,将基本的使用功能优异的东西认作"好东西"的人越来越多了。**而日本的禅和茶道精神,可能与这种理念形成了呼应。

在开设法国旗舰店时,我们采取了以前从未尝试过的策略。

我们让三位法国艺术家构思了开张宣传用的海报。然后,再委托印制了毕加索和马蒂斯作品的巴黎老牌版画印刷工作室idem,用和纸进行印刷。这些美丽的海报很快就成了世界性的热门话题。因为在日本也做过展示,想必有的读者看到过吧。

应邀参加这个项目的菲利普·威斯贝克(Philippe Weisbecker)、保罗·考克斯(Paul Cox)、让-米歇尔·阿尔贝罗拉(Jean-Michel Alberola)三人都是对 MUJI 钟爱不已的粉丝，他们非常爽快地接受了我们的委托。

法国与日本有点不同，那些对时尚和室内装饰更加敏感的人会更深入地接受 MUJI。例如 *Marie Claire Maison*、*Glamour* 等杂志都介绍过 MUJI，其中 *Marie Claire Maison* 就是一本家装杂志。另外还有一本名叫 *Intramuros* 的，介绍建筑和家装最新消息的杂志，也给 MUJI 做过特辑。这说明，MUJI 在法国已经超越了生活杂货，其设计性本身受到了极大关注。

然后，读过那些杂志的人又能继续向外传播 MUJI 的好处，因此才让法国的 MUJI 被定位在了具有考究艺术性的店铺这一属性上。

欧洲的"制胜模式"很难找到

在欧洲,我们还在英国、意大利、德国、瑞典、西班牙等十一个国家开设了店铺。每个国家对MUJI的"理解方式"都有点不一样。

比如在意大利,甚平衫和足袋袜、筷子、便当盒等洋溢着"日本"感觉的商品很有人气,让人觉得顾客对MUJI的产品普遍很有共鸣。

意大利是"慢餐运动"的发祥地。所谓慢餐是与快餐相对的概念,关键在于使用传统食材和传统烹饪方法,守护本国的传统料理。这个想法与无印良品"避免像快餐一样的商品"这一理念是共通的。或许因此,意大利的人才会对MUJI的商品产生共鸣吧。

在德国,二〇〇五年,MUJI的电话机、碎纸机和DVD录影机等五种商品获得了专门为优秀设计而颁发的"iF DESIGN AWARD"金奖。这是世界上最权威的设计奖项之一,不仅是德国内,世界各地都会有许多参选者。而二〇〇五年以后,MUJI

开设法国旗舰店时制作的海报（上）和店中模样（下）

的产品又多次获得了金奖。

尽管 MUJI 在欧洲的评价很高,但是所有开设的店铺都没有像预想般开始盈利,这才是最大的难题。因为欧洲每个国家的"个性"都不一样,导致"制胜模式"也很难确立。

即使在能够深度理解无印良品哲学的法国,巴黎分店虽然运转良好,但开设在其第三大都市里昂的店铺却状况不佳。这让我们渐渐明白,每个国家的第一第二大城市或许会有 MUJI 的顾客,可是到了一些地方城市,那样的顾客就不太多了。

在进入一个国家五六年后,我们就能慢慢抓住那个国家的偏好,可是在从来没有开过店的地方开拓,却经常会陷入产品完全卖不出去的惨境中。

德国的第三号店铺柏林分店渐入佳境,汉堡、法兰克福等地的分店也进展顺利,可是在汉诺威这个位于德国中央偏北地区的大都市,我们的店铺却陷入了苦战当中。当时在汉诺威行人众多的街头进行"你知道 MUJI 吗"的调查时,有很多人回答说"知道",因此开店时我们感觉到了切实的把握,但结果竟是营业额不尽如人意。

在亚洲国家，只要按照交通量、平均收入和人均 GDP 等指标来把握市场开设店铺，通常都能在某种程度上进展顺利，可是这在欧洲却行不通。尽管在处于经济成长途中、收入不断增加的地区发展不错，但在经济成长停止、高龄人口众多、失业率偏高的欧洲，MUJI 的成长则十分缓慢。另外，居民心中的"价值观"会随着地域改变而出现差异，这也会对店铺的成功与否产生影响。

我认为，要在欧洲地方城市找到制胜模式，还需要花上一点时间。

中国乌鲁木齐市"最想要的店铺"第一名

中国乌鲁木齐市的开发商向我们发出"希望能把 MUJI 开在这里"的邀请时,我和当时的海外事业部部长松崎晓都结结实实地吃了一惊:"啊?在那里开 MUJI?"

尽管心里想着"在那里开店确实是有点困难吧",松崎还是去造访了开发商。结果从对方那里得知,乌鲁木齐某座高端商城改造时,曾经在当地进行了"你最想要什么店铺"的调查,最后第一名便是 MUJI。在中国西部的一座城市里,MUJI 被选上了。我打从心底里感到惊讶,原来 MUJI 的知名范围已经如此广了吗?或许是通过 SNS 等渠道传播开来的吧。

在中国,我们很早就进入了香港开店。品牌渗透度之深,甚至让 MUJI 成了香港大学生就业人气排行第七位的企业。这种热议程度,或许也极大地提升了 MUJI 在中国内地的知名度。

我们几乎从来没在中国做过任何开店的打探,一般都会等对方主动发出邀请(因为我们申请开店和对方邀请,两者的条件会截然不同。接到邀请后再展开行动能够在很多方面获得主动性，因此我们采取了坐等邀请的策略）。尽管如此，来邀请我们开店的人还是络绎不绝。

决定进入中国时，也有人提出"那个钟爱华丽事物的国家会不会喜欢 MUJI 啊"这样的意见，但最终证实那只是杞人忧天。在中国，购买 MUJI 的也不是富裕阶层，而是中产阶层的顾客。MUJI 早已是人们心中"想买来看看"的品牌。目前，中国中产阶层人群的工资逐年上涨，而 MUJI 的粉丝也与之呈正比增长。

最近，中国的人们对无印良品哲学的理解也超出了我们的想象。

"中国服装网"这个中国时装网站上，曾经大篇幅介绍过 MUJI。上面说 MUJI 受到了"禅"思想的影响，还评论道："中国禅宗经历两千余年，从日本回到中国，再次征服了中国民众。"这确实是非常中国式的报道。而且，网站上还介绍了无印良品的顾问原研哉先生所说的"无印良品产品的美学意识中，蕴含着'空'

的思想"这句话,让人感觉在中国,我们的商品也不再仅是以形式简约知名,顾客们开始体会到其中的哲学理念了。

从这个意义上说,**中国或许也即将迎来从大量消费的社会转变的时期了**。若真如此,也就无怪有越来越多人会被日本的禅和茶道精神所吸引。

二〇一四年十二月,成都的MUJI世界旗舰店——成都远洋太古里店开张了。这家店坐落在总面积九百五十坪[1]的土地上,不仅在中国,在所有海外店铺中都是规模最大的店铺,同时还设置了中国内地第一家Café &Meal MUJI和IDÉE卖场。

因为欧洲市场已经成熟,属于"成长渐渐下滑的市场",而以中国为代表的亚洲却是"不断上升的市场"。这也就意味着,其中还蕴涵着无数的机会。我们在中国开设店铺的速度也是整个海外市场中最快的,二〇一四年度达到三十间店铺,甚至已经超

---

1 面积单位,1坪约等于3.3平方米。(译注)

过了同年日本国内的开店数。

只是，刚刚进入中国市场的时候我们还是受了不少苦，详情会在第一章进行介绍。总之，受苦的原因就在于"有许多日本人觉得不合常理的事情，在中国人看来却是常识"。尽管如此，**中国作为世界最大的市场，根本不存在"不进入"这个选项**。同时，中国也是与欧洲各国相比，更容易使我们找到制胜模式的国家，因此我想让各位读者以我们的失败为参考，毫不畏惧地挑战这个市场。

为什么文具品类在澳大利亚大受欢迎？

或许读者们会感到很意外，MUJI 是最近才开始进入澳大利亚的。二〇一三年，我们在墨尔本开了第一家店。

澳大利亚对有机产品非常重视，甚至被称为有机产品发达国家。MUJI 的有机棉等商品也获得了"善待环境的想法很好"这样的评价。而大多数顾客因为再生 PP（聚丙烯）材料的塑料袋是石油制品而要求使用纸袋的现象，恐怕也只有在澳大利亚才能看到吧。

在澳大利亚人气爆棚的商品是 USB 风扇和男用内裤。刚开店的那段时间，这两样东西只要一上架就会被一扫而空。

在澳大利亚也有青睐日本产品的倾向。买车就选丰田、买家电就选索尼这样的想法深入人心，实际上只需说明产自日本就能占据很大的市场优势了。

澳大利亚的日用品向来都被认为品质欠佳，特别是文具。圆珠笔很快就写不出字来了，笔记本的纸又薄又容易让墨水晕开，长期使用这样文具的人们一旦接触到日本产的文具，自然会大呼

"好用得不想离手"了。据说,如果带日本文具给澳大利亚人当礼物,他们会高兴得不得了。

而且,由于澳大利亚物价高昂,据说销售低价质优商品的大创在那里非常受欢迎。这样想来,澳大利亚对日本企业来说,不也是一个充满机遇的市场吗?

MUJI 在澳大利亚获得的关注度非常高,连世界著名的时尚杂志《时尚》(*VOGUE*)旗下的家装杂志《时尚生活》(*VOGUE LIVING*)澳大利亚版都用大篇幅报道了 MUJI。

标题使用了 "MUJI, the cult homewares" 这样的表述。所谓 "cult",指的应该是 "拥有狂热死忠粉丝" 的意思吧。这让我们感觉到,MUJI 的传闻也漂洋过海到了澳大利亚。

这篇报道中最让人印象深刻的,是当地员工用 "素之美" 来介绍无印良品的概念。因为素之美被直接说成了 "su no bi[1]",

---

1 "素之美"的日语发音。

这个词说不定能像"Wabi-sabi[1]"一样在海外广为流传。

或许人们对澳大利亚都抱有"位于南半球,快活而浮华的国家"这样的印象吧。实际上,那里的人们都过着质朴的生活,很少在外用餐,不会将金钱花费在无用之事上。据说,无论是家具、家电还是服装,他们都倾向于长久使用,不轻易购置新品来替换。用电和用水也非常节约,搞不好是比日本人还厉害的"节约家"。

或许,正因为是那样的国度,才通过MUJI对简约而质朴的日本生活方式产生了共鸣吧。

---

1 日本茶道精神的"詫び·寂び"(侘寂)。

利用 MoMA 实现理想开端的美国

二〇〇一年,美国纽约现代艺术博物馆(MoMA)向我们发出"希望在博物馆商店里销售 MUJI 商品"的邀请,当时公司内所有人都吃了一惊:"那个 MoMA 吗?!"

MoMA 是在日本也经常举办展览的世界著名博物馆。那里的博物馆商店中,搜罗了策展人通过自己的审美精心挑选出的艺术商品。顺带一提,发现群马县桐生市的松井编织技研制作的色彩鲜艳的竖条纹围巾,并使之成为博物馆商店销量第一的热门商品的,也是那些策展人。这或许说明,日本的产品中存在许多能让世界最前沿的艺术家青睐的高品质商品吧。

MUJI 被选中的理由是"考究的设计和对环境友好的商品"。从二〇〇二年二月起,我们在那里销售了大约六十种商品,都得到了一定的好评,于是两年后,我们在博物馆商店一角开设了 MUJI 店铺,并在里面销售大约两百种商品。

这对我们来说,是求之不得的美国市场开端。尽管当时还没在美国开设店铺，我们却在世界各地人们都会造访的博物馆商店里取得了实绩。走进博物馆商店的主要都是对美术有一定兴趣的人，如果MUJI的好评在拥有优秀审美感官的人群中扩散开来，我们在美国成功的可能性就会提高。终于，二〇〇七年，美国一号店开张了。

或许在MoMA的成功仍留有一定影响，直到最近还存在着将"MUJI"与"艺术"联系在一起的动向。二〇一四年圣莫尼卡分店开张时，由蜂鸟美术馆展览部长布鲁克·霍奇（Brooke Hodge）女士担任主持，UCLA（加利福尼亚大学洛杉矶分校）建筑系教授阿部仁史先生和当时的良品计划社长金井政明在美术馆进行了一次对谈。

霍奇女士是当代艺术的行家，自从在伦敦发现了MUJI的商品后，就成了我们的粉丝，而且还在MUJI好莱坞店开张时为《纽约时报》撰写了一份稿件。得到富有艺术造诣的人给予的高度评价，仅此一举就能让品牌地位得到确立。**即使不是奢侈品牌，只要拥有切实的概念，以及从那个概念中孕育出来的商品，就算是在海**

外也能打动人心。我认为,这是在海外取胜的一个要因。

话说回来,尽管日本常常把"欧美"放在一起谈论,但美国与欧洲的思考方式和感受方式都有着很大的差异。前面已经提到过,在法国无须任何说明,就能得到人们"MUJI是禅"的评价;但美国却拥有更为直截了当的、以价格和品质决胜负的特点。在美国,现在应该是"Made in Japan(日本制造)"这个因素使我们得到了顾客的信赖,但若对商品的背景故事进行说明,顾客们也能够理解。因此我考虑,不如多花些时间,让MUJI的哲学理念也渗透进去。

此外,还有一件值得关注的事是MUJI在美国因"商业"而受到了瞩目。我们曾被《彭博商业周刊》(*Bloomberg Businessweek*)这份杂志提到过。二〇一四年,商业杂志《福布斯》(*Forbes*)也刊登了MUJI的介绍文章。

在那篇报道中有这样一段话:"MUJI的商品并没有注明设计师姓名。作为公司的一位员工,他们的设计师领的是月薪,据说还没有特殊奖励。这种匿名性可谓是 MUJI 的特征。此外，在不进行过多宣传这方面，更有人认为'MUJI 的低调便是卖点，或许国外有些人认为那是一种酷，但我们自己并不会这样说'。"同时，《福布斯》还尖锐地指出："正是 MUJI 的非品牌性铸就了他们的品牌地位，这不就与名称本身产生矛盾了吗？"

面对凡事讲究逻辑的美国人，"为抗拒大量消费的社会"而诞生的"无印"这种理念实在是很难传达。可是，美国或许也已经迎来了需要从大量消费的社会蜕变的时期。

在美国，现在越来越多人对禅着了迷。苹果公司的史蒂夫·乔布斯凭借禅的理念进行产品开发，这已经是很有名的故事了，此外，好像有越来越多的 IT 企业也开始实施以禅为核心的项目了。

富足而方便的生活一旦过剩，人们或许就会开始向往简朴而剔除了冗余的禅意生活。 在这样的大潮流中，不远的将来，日本人的精神性或许会得到新的认同。

加拿大一号店开张时"热泪盈眶"的原因

那是二〇一四年十一月,加拿大一号店开店时的事情。金井和当时的海外事业部长松崎晓去了当地,据说开张当天早晨,当他们正优哉游哉地吃着早餐时,MUJI加拿大的员工突然打来了电话,语气中难掩兴奋:"有很多客人在门口排队,能不能提前开店呢?"

原本预定的是十点开张,但门外已经排起了长龙。加拿大是个寒冷的国度,那天的气温是零下一度。就在那样的严寒中,店外却聚集了大约三百位顾客。或许是因为我们在宣传中提到开张当天头一千位顾客可获得托特包作为礼物吧,排在最前面的人好像早上七点半就到那里了。那真是出乎意料的强烈反响。

金井和松崎急忙赶到那里,彼时客人已经增加到了六百位左右。店门前排起了一条长龙。看到那样的光景,两个人都流下了感动的泪水。

在日本,恐怕有超过九成的人都知道无印良品吧。因为已经扎根到了这种程度,就算在以前从未开设过店铺的日本地区新开店铺，也不会有人在门口排队。就算排起来，充其量也就五十个人左右。而在那种异域国度，并且还是首次登陆的情况下，却有那么多顾客在等待我们。MUJI在国外竟成了期待值如此之高的企业，这让我不禁感慨万千。

当天从开店到打烊，顾客的人流从未中断过，据说还惊动了当地电视台，扛着器械跑来看看"发生什么事了"。一经电视报道，更帮助了我们宣传，第二天又有更多顾客来光顾了。

那天的情况连加拿大发行量最大的报纸《多伦多星报》(*Toronto Star*)都进行了报道，上面还形容MUJI"如同苹果新产品发售般受到狂热的欢迎"。

《环球邮报》(*The Globe and Mail*)则策划了一个"设计师们为何喜爱MUJI"的特辑，搜集了加拿大建筑师和设计师等MUJI粉丝的声音。此外，加拿大当地的广告制作集团Creators' Lounge官网上也大张旗鼓刊载了当时MUJI加拿大分社长角田徹的采访。MUJI在加拿大的确受到了狂热的欢迎。

当我们还在美国发展业务时，加拿大的顾客就一直在抱怨"为

加拿大一号店开张当天排起的数百人队列

什么不到加拿大来"。在加拿大既有茶道教室，又有能剧活动，许多人都对日本传统文化深感兴趣，或许他们是受到了日本人纤细的美学意识的感染。

我们打算在二〇一五年内，于多伦多市内开设二号店铺，想必今后还会陆续增设店铺吧。

MUJI在世界各地获得了狂热的粉丝，影响力在不断扩大。二〇一五年度的海外营业额预计能够首次突破一千亿日元大关。可是，尽管在中国的经营进展顺利，在欧洲各国开店、销售、库存管理等方面存在的诸多难题也是不容忽视的事实。MUJI的海外战略始终不会固定下来，今后也将继续一边试错一边不断向前摸索。

本书主要介绍MUJI在海外是如何构筑起"不败方法"的。在到达那个高度前，我们当然经历了无数次失败。首先，我想从那些失败开始谈起。

Chapter One

坚持不懈,直到成功
——"尽早"进军,"切实"进军

"MUJI"在世界腾飞之日

二〇一五年秋季，我们终于在纽约开设了旗舰店 MUJI Fifth Avenue。其实我们已经在纽约开设了包含 MUJI to GO 在内的五间店铺，但那是第一间卖场面积超过一千平方米的大型店铺。不仅如此，地点还在曼哈顿的第五大道，那可是与巴黎香榭丽舍大街齐名的世界屈指可数的高级商店街之一啊。

此事最终决定下来的时候，我感到了前所未有的兴奋。MUJI 终于走到这一步了，这让我有种看到自己的孩子长大成人般的感慨。

同时我也意识到，MUJI 的海外发展已经来到了一个新的阶段，那便是"腾飞"的阶段。

回首 MUJI 至今为止的海外发展，可以分为以下三个时期：

· **低迷期**：一九九一年至二〇〇一年。刚进入海外发展，却经历了连续十一年的赤字时期。同时，那也是毫无计划性，只知道乱开新店铺的莽撞时期。

· **成长期**：二〇〇二年至二〇一二年。重新审视早期开店的问题点，改变战略之后，二〇〇二年第一次达成了盈利目标。其后一点点增设店铺，顺利地打好了根基。

· **飞跃期**：二〇一三年至今。二〇一三年，海外事业部的营业额达到了两百八十四亿九千一百万日元，比前期增长了19.0%，实现了飞跃性的提升。二〇一四年的营业额与上年相比增长了64.3%，达到四百六十八亿一千六百万日元。可以说，无印良品已经开始振翅高飞了。

二十四年的海外发展之路，绝不是一条康庄大道。**MUJI 的海外发展，从一开始就是一条布满荆棘之路。**

MUJI 的海外一号店，是一九九一年七月在伦敦自由百货的别馆开设的。

一九九一年三月，我从西友调到了良品计划。此前在人事部门待了很长时间，就是为了给这次调动做准备。建立新的人事制度、计算薪酬、招聘员工、组建工会,这些就是我的任务。于是调动之后,我马上便与海外一号店的负责人开始了商讨。

自由百货是一八七五年开创的元老级高级百货商店。它并不像日本的百货商店那样包含很多店铺,而是只有一间店铺。现在的大楼是一九二四年建造的,是一座充满了厚重古典气氛的三层木制英式建筑。在日本也很有人气的许多花纹和佩斯利纹(paisley)自由印花(liberty print)便是这座自由百货原创的。其创始人与英国设计师一道参与了工艺美术运动(Arts & Crafts Movement)和新艺术运动(Art Nouveau,以法国和比利时为中心展开的国际艺术运动)。

顺带一提,所谓工艺美术运动,是为反对产业革命带来的粗劣商品大量生产行为而产生的运动,其主旨在于重新重视手制工艺品。这与日本的民艺运动(思想家柳宗悦发起的,在无名匠人制作的日用品中寻找美学价值的运动)有些相似,或许也跟无印良品的原点是相通的。

如此富有历史的百货店竟给予了无印良品认可,表示"适合在我们店中展示"。当时良品计划的母体西友也已经开始了海外发展，但如果没有得到在那座百货商店一角设置店铺的契机，我认为无印良品是不会发展到今天这个盛况的。

很快，无印良品的初期顾问成员之一，设计师田中一光先生和创意总监小池一子女士便赶往英国，开始策划店铺的设计了。光是听到这两个名字，就能看出当时的无印良品下了多大功夫。最后完成的卖场与现在的MUJI不同，是以黑色为基调的厚重感觉。

当时考虑过用无印良品的罗马字来表记店名。可是，那对欧美人来说实在太难发音了。于是，自由百货的一个女制作人提议省略成"MUJI"，而"MUJI＝素色"这一词汇上的意义也正与"无印良品"相通，大家都认为非常合适，最后便一直在海外使用至今了。

此外，当时的卖场里摆放的都是在日本销售的商品，例如服装、寝具、收纳小物、文具等，甚至还有味噌和酱油这样的日本食材。

初开店时，获得了当地顾客很大好评。MUJI去除了冗余的简约商品对伦敦的人们来说似乎很是新鲜。

毕竟 Wedgwood 和 Minton 一类诞生于英国本土的高级餐具都是奢华风格的设计,同样来自英国的 Burberry 则以苏格兰格纹而出名。没有任何纹样图案,颜色也以黑白为主的,更偏向于基础款的 MUJI 商品因此而获得了"简练""摩登""创新"等好评。虽然销售时没有特别强调禅和茶道精神,但伦敦市民们好像还是从 MUJI 的商品中自然而然地感受到了日本人的美学。

之所以会如此,应该是源于发起了工艺美术运动的英国人的国民性吧。英国陶艺家伯纳德·利奇(Bernard Leach)还参加了日本的民艺运动,英日两国之间,感受美的心灵应当是共通的。

想必当时的相关人员也切实感觉到了,MUJI 在海外能够被接受,而且说不定还能获得比国内更多的思想共鸣者。

海外的 MUJI 曾经"连续十一年赤字"

最初的一步虽然很顺利，但海外发展并不是那么简单的事情。

之后，我们先后又在英格兰的利物浦和苏格兰的格拉斯哥开设了分店。

利物浦是甲壳虫乐队诞生的地方，也是历史悠久的港口城市。可是，在伦敦如此受到好评的MUJI，在这里却意外地吸引不到客人。因为都没有顾客去触碰商品，卖场从早到晚都干干净净，没有丝毫凌乱。

听说利物浦最近开了一家很大的商城，但在MUJI登陆的时候，那里还是一座安静的小城，晚上十点过后连吃饭的地方都很难找到。那里的生活方式与伦敦截然不同。

当时MUJI的商品都是从日本出口的，价格是日本的三倍左右。早已习惯使用廉价铅笔和笔记本的当地人可能都会想："这么贵的笔和本子谁会买啊。"

格拉斯哥的情况也一样，营业额惨得可怜。最后，这家店早

MUJI 海外一号店，伦敦的 MUJI West Soho

早便被关闭了。

至于伦敦那间值得纪念的一号店，开业六年后，由于出资50%的自由百货经营陷入困境，不得不与之解除了合作关系，店也关了张。我们刚进入欧洲，就迎来了持续四五年的愁云惨雾。

另一方面，在英国开设分店的同时，我们也在中国香港开设了一号店，开始进军亚洲市场。因为亚洲对MUJI的接受程度更高，因此开店频率比欧美更快。

对亚洲的顾客来说，MUJI是其非常向往的品牌。他们并非像欧洲人那样被MUJI的思想所吸引，而是有一种热衷于购买"质量优良的日本商品"的心理。

当时亚洲分店的商品售价也是日本的三倍以上，当地人可能无法轻易下手购买。但不顾价格高昂而购买了的人，似乎都爱上了方便而优质的MUJI商品，因此出现的MUJI忠诚粉丝比欧洲要多得多。

可是，我们在亚洲不断开店的同时，也在不断关店，因为在

当地的运营存在太多漏洞。

我们与一家名叫永安集团的香港公司成立了合资公司,把当地运营全权委托过去。而永安集团的人都是按照不动产公司信口开河的价格租下店铺,租金自然非常高昂。不仅如此,建立卖场的还是对 MUJI 一无所知的当地店员,负责销售的也是对销售一无所知的人。因此最终只得到了一个非常遗憾的结果,营业额毫无起色。

更不幸的是,一九九七年爆发了亚洲金融危机,店铺租金猛地上涨,当时在亚洲开设了店铺的日本百货店都齐齐撤退。永安集团的经营也瞬间恶化到了连货款都无法支付的程度,最后我们只能解散了合资公司。高峰期开到了十三间的店铺,也全都关闭,从这个市场彻底退出了。

如果我们能在这一阶段就从根本上重新检讨海外发展策略,最后的结果或许还不至于那么糟糕。

可是,当时国内的无印良品势头实在太好,营业额超过一千亿日元,利润超过了一百三十亿日元,别说是踩刹车了,简直是要一脚油门踩到底才甘休。一九九八年前后,甚至还放出了"在海外开设五十间店铺,让营业额增长十倍,海外营业额目标两百亿日元"的大号令。于是,在此之前,一直只在欧洲保持每年开设一两间店铺的步调,一下变成了一九九八年开设五间店铺,一九九九年开设八间店铺,二〇〇〇年开设七间店铺的快节奏。

正如突然膨胀的气球容易炸裂,坠落突然降临了。二〇〇一年,良品计划出现了三十八亿日元的赤字,经营一下陷入了危机。

那个时期还在担任无印良品网站(MUJI.net)社长的我,突然被调到了良品计划担任社长。

在我马上要到中国出差时,公司突然找我谈了调动的事情,我连冷静思考的时间都没有,刚一回国就接受了社长职位。我以前没在销售和营业这种主流部门待过,所以那对我来说简直就是晴天霹雳。虽然职位是接过来了,但由于毫无准备,我是一点自信都没有,现在再看就职仪式的照片,会发现当时连眼神都是迷茫的。

到底该从哪里着手呢?

虽然当时没有定下任何方针，可单凭数字就能看出，不仅国内店铺需要整顿，连海外事业也同样需要一番大修整。MUJI 走出国门后从未有过盈利，整整十一年全都是赤字。

在那种状态下，其实也可以选择从海外全面撤退。而且，还可以等待国内店铺稍微稳定一些后，再考虑新的海外战略。

可是，我并不打算把那十一年的海外战略整个放弃掉。

我反倒在想，**如果细心探索失败的原因，说不定还能找到成功的可能性。**

于是，MUJI 的逆转大戏开场了。

"不屈的灵魂"与"房租精算"

我成为经营者后切实地感受到一个道理，那就是做生意有九成都是不顺利的。迅销公司的柳井正社长出版过《一胜九败》（新潮社）这本书，道理就是如此。只是，那唯一的一胜才是最关键的。就算反复失败，只要最后成功，那一切失败就都是有价值的了。

那么，该如何取得那一胜呢？

其中并没有特殊的方法，只有不断坚持直至成功的不屈灵魂而已。

就任社长不久后，我就去视察欧洲店铺了。当时法国有八间分店，大号令发出后开设的四间分店全都经营惨淡。

比如法国迪士尼乐园旁边的购物中心欧洲谷（Val d'Europe）内开设的店铺。我到那里一看，发现店员比顾客还多。就算这里是人来人往的旅游胜地，大家也都只会把钱花在迪士尼乐园，根本不会跑到旁边的购物中心去。

MUJI还在卢浮宫美术馆地下的购物中心里开设了店铺。当地人和游客在欣赏完美术作品后,都会到购物中心里走一走,而MUJI对有点审美疲劳的顾客们来说应该会显得耳目一新吧——一开始在那里开设店铺的设想或许是这样的。可是,这里也依旧是门可罗雀。到美术馆来的人都会在购物中心买买纪念品,吃吃东西,却不会想走进一家日用品商店里去。搞不好还会有人想:"我凭什么要专门跑到卢浮宫来买日本商品啊。"

而且,两间店铺因为地段很好,房租自然也非常高,就这样都变成了制造巨额赤字的店铺。

我马上做出决断:"这里必须关掉。"最终只留下了能够盈利的四间店铺,关掉了其他赤字店铺。

只是,法国这个国家比日本更加注重保护劳动者权益,解雇当地店员必须得到工会委员长的签字。此外,他们那里还有类似日本的劳动基准监督署这样的行政部门,若不得到那个部门的许可,连店都没办法关张。

越是了解这些情况,越是令人头疼。最终,我们不得不花费十七亿日元的费用撤出。彼时我真真切切地感受到了，**原来无论是开店还是闭店都需要花钱**。开店对公司来说是一种投资，但闭店带来的只有损失。只凭气势使劲开店是不可能船到桥头自然直的。同时我也醒悟到，在开店前的地点选择上必须慎之又慎，要预先定好夺取胜利的战略。

亚洲方面，在我成为社长前，前任社长就已经下令全面撤退了。可是，正好在那个时候，中国香港方面开始不断发出"请再一次开店"的邀请。我看了当地工作人员的电子邮件后，逐渐坚定了"既然对方百般邀请，我们自然应该再次开店"的想法。

当时已经在香港沙田开店的西友也向我们发出了开店邀请。尽管如此，开店却不是轻易就能决定的事情，并且开店的"方法"是非常重要的。通过以往的经验我们深知，一切必须自己来进行操作，最关键的是令租金保持在一个合理的水平，否则只会重蹈初期的覆辙。那时沙田的租金是六十四港币，计算出的收益比率大约是 12%~13%。经过仔细预测和计算，确定这样能行得通后，我们于二〇〇一年再次进入了香港。

虽然那是一个需要紧急止血、让陷入赤字危机的良品计划重获新生的阶段，但如果只是单纯地舍弃失败的市场，不仅难以提升员工士气，最终也会让企业失去活力。那时我也开始思考，若不从失败的模式中建立起制胜的模式，企业是不可能重现生机的。尽管当时的状况非常严峻，我还是做出了判断，此时应该种下在未来会开花结果的种子。

重新开设的香港一号店是良品计划旗下的MUJI香港用自己的员工进行操作的，同时也实践着日本最前沿的店铺经营方法。这一战略很是成功，店铺的销量非常不错，第一年度就实现了盈利。

同年，我们在利舞台大厦又开了一家店。这里原本是被思捷环球整租的大楼，但当时那家公司的经营状况不佳，便向MUJI发出了分租半栋楼给我们开店的邀请。

那里的地段极佳，但我们租借的是大楼三层和四层，最为关键的房租因此而便宜了不少。开在那里的MUJI创造了连我们都大吃一惊的营业额纪录，在其影响下，利舞台大厦本身也重现了荣光。

这两间店的成功变成了让公司整体复活的原动力。员工们真切感受到了世界依旧喜爱无印良品,这让公司内部顿时变得朝气蓬勃。这次成功再加上欧洲赤字店铺的关闭,海外事业部分自二〇〇二年起开始盈利。我们终于从笼罩了十一年的赤字阴云中解脱了。

其后的海外发展便一直以巡航速度一点一点推进。尽管如此,却并非意味着我们闭店数量为零。在亚洲,以中国为中心,我们每年的开店数字保持在两位数,并没有怎么闭店;但在欧洲,尽管我们开店的速度极为缓慢,每年还是要关掉两三间店铺。就算事先经过缜密分析,但由于欧债危机等不可抗因素,店铺营业额还是会受到重创。

因为经商从不存在正确答案,所以凡事都要通过实践才能知晓,挑战过后更有可能会迎来无数的失败。然而重要的是不放弃,不忽视自己的失败,同时也不重复自己的失败。只有让失败转化成下一次挑战的契机,才真正有资格说出"失败乃成功之母"这句话来。

商标之争——无法在中国开店的原因

现在，我们仅在中国就开了近一百三十间店铺[1]，但曾经有一段时期，MUJI 无法在中国开店。

一九九九年十一月，我们打算进入中国内地，因此提出了商标申请，但最终返回的审查结果却说"这个商标已经登记过了"。原来，香港的盛能投资有限公司（JBI）早在一九九四年到一九九五年间，就为服装和鞋帽等第 25 类商标的商品注册了"MUJI"和"无印良品"这两个商标。

那对我们来说简直如同晴天霹雳。

于是，我们在二〇〇〇年五月向中国国家工商行政管理总局商标评审委员会提出了撤销 JBI 注册的商标的申请。可是，在漫长的裁定过程中，JBI "无印良品"的店铺越开越多，与无印良品的商品似是而非的 T 恤和包袋，都被打上了"MUJI"和"无印良品"

---

1 截至二〇一六年十二月，MUJI 在中国的店铺数已近两百间。

的商标卖了出去。

各位无印良品的爱好者们想必都知道，无印良品的商品上本来就不会印上自己的品牌商标，也从来没销售过印着硕大"无印良品"字样的包袋。那连抄袭都算不上，根本就是完全不同的商品。然而，我们若在那个时期进入中国内地，可能被斥为冒牌商品的反倒会是我们自己的东西。

我成为社长时，公司已经与JBI开战了。后来我也始终没有改变方针，采取斗争到底的态度向JBI发出了警告文书，却被一口回绝了。

不仅如此。当时无印良品有九成服装都在中国工厂制作，并出货到日本和欧洲。没想到JBI竟跑到港务局去告状，说"'无印良品'的伪造商品似乎正在被大量出口"。为此，我们的商品一度滞留海关。我们的真货被当成假货，却只能是哑巴吃黄连。

只是，我们也绝不会一直那样束手待毙。很快，我们找到中国实力排名第二的律师事务所进行咨询，决心用尽一切手段奋战到底。

我们在中国知名报刊上以"严正声明"为标题发出声明，还用图片广告申明了"现在市面上销售的'无印良品'和'MUJI'并非我公司制品"的主张。简言之，我们以一种高调的姿态表明了中国内地销售的"MUJI"商品全是冒牌货。

就在那时，上海市人民政府向我们开出了"可以设立三间店铺"的许可。这个大好机会，绝不能放过。

二〇〇五年七月，一号店在上海开张了。

这是为了宣示"我们才是真正的无印良品"而建立的店铺。由于当时争议尚未解决，某些商品上还不能悬挂带有"无印良品"和"MUJI"名称的价格牌，于是我们决定制作一批"良品计划"的挂牌进行销售。店铺里集中了一千五百七十种单品，向所有人展示了MUJI的决心。

开张时我也赶到店里，强调了"这才是真正的无印良品"。

这样一来，也推动了商标评审委员会认可我们的主张。二〇〇五年十一月，我们总算拿到了裁定JBI撤销商标的结果。

我认为，这很大程度上也受益于上海市人民政府对我们的支持。

"这下终于熬出头了。"我们都松了口气。

可是，JBI却不服商标评审委员会的裁定结果，上诉到了法院。是该说他们硬气，还是不知天高地厚好呢？总之，我们做好了准备再次应战，律师事务所也为我们精心规划了辩护的方案。

中国采取两审终审制度，经过中、高两级法院的审理，历时近两年，二〇〇七年，我们终于在高院胜诉，JBI的起诉被驳回了。

自从开始申请商标起，经过八年苦战，我们终于赢得了胜利。

于是，第二年我们在上海完成了盼望已久的正式开店。随后以上海和北京为中心，我们陆续加快了开店的步伐。

其实，无印良品和MUJI是中国商标注册之战中第一个获胜的日本企业，此前的所有官司都以失败告终。就连日本著名动画片《蜡笔小新》，也在中国被人抢注了图片和标题商标。为此，双叶出版社不得不奋起抗争。这一抗争也持续了八年，终于在二〇一二年胜诉了。由此可见，在他国的斗争是多么的艰难。

但是，商标注册这个事情，无论在哪个国家都是先到先得，日本也如此。而且这已经是国际原则，需要大家牢记在心。

像把"劳力士"篡改成"劳刀士"那样的假货，人们还能轻易分辨出来，但目前的主流似乎已经变成了抢注品牌名称和商品名称。那样一来，正品一旦进入那个国家，反倒会被斥为"冒牌货"，变得非常棘手。我们在获得最终胜利前，也花费了不少成本。

据说，最近的日本企业也会在初期便注册好几种版本的商标以规避风险。尽管其中的费用会增加不少，但今后的商场，讲究的就是比别人领先一步。

话说回来，二〇〇五年好不容易开业的上海一号店却给出了令人遗憾的业绩。因为当时开店的目的并不是销售，而是宣示自己才是正品，我认为那样就可以了（不过那间店第二年便实现了盈利，也让我们得到了在中国能成功的预感）。我们赢回商标后，这间店铺也于二〇〇八年结束了自己的使命，功成身退了。

若没有那次纷争，我们或许会更早进入中国内地吧。

可是在一九九九年，我们的企业体制还不算太好，也有可能会马上撤出。或许正因为在实现正式登陆之前，我们已经在其他地区构筑起了成功模式，因此在二〇〇八年正式进入中国内地以后，才得以顺利地增加店铺。

一号店出现赤字——既不撤退，也不再开

有人说，凡事重在开端，如果刚见面的第一印象太差，到后面就很难改变了。

海外发展也是同理。一旦在头一次登陆的地区栽了跟头，有可能就会被戴上"这个厂商（店铺／品牌）也不怎么样嘛"的帽子，所以无论在哪个国家，开一号店的时候都最让人紧张。

有时候即使慎重选择了地点、事先预测了大概的营业额、迎合顾客类型决定销售品类并进行店员培训，做好一切准备后把店开起来，也会出现营业额达不到预想的情况。

MUJI登陆美国的时候就是这样。

二〇〇七年，我们在纽约开设了一号店。我们当时可是做好了万全的准备。

如上所述，在美国市场，我们得到了纽约现代艺术博物馆（MoMA）的邀请，于二〇〇四年在博物馆商店一角开设了店铺，销售了近两百种商品。一年后，我们又在另一家博物馆店铺开店，

销量也十分喜人。

一号店的开设也迎来了店门口排起长队的开门红。据说还有一位顾客拿着我们的马桶刷感叹："我之前的日子都是怎么过的?"原来那位顾客只见过又大又笨的马桶刷,从来没见到过小而精致,甚至带盖子的同类产品。那些小小的刀叉和炊具也非常畅销,因为美国找不到同样的产品,而且品质又这么好。此外,从欧洲和亚洲到美国来旅游的游客们大多都知道MUJI这个品牌,会带着"啊,这里也有MUJI"的想法高兴地进店购物,这也使美国顾客见状产生了到店里看看的想法。

于是,第二年我们就在时代广场、肯尼迪国际机场和切尔西地区一口气开了三间店。

然而,二〇〇八年九月发生了雷曼事件,情况剧变。那之后,营业额很快直跌三成,一号店也陷入了赤字状况。

一般来说,遇到这种情况可能会自认倒霉,并在形势没有恶化之前撤退,或者增加新店来填补赤字。我们的看法却是**在恢复**

盈利前,用这四间店坚持下去。

从 PL(损益计算书,清楚列出每年支出和收益的表格)可以看出,受雷曼事件的影响汇率暴跌明显是导致赤字的主要原因。于是我们做出的判断是,利用营业能力渡过难关。

尽管如此,无印良品本来就不在电视上打广告,而且在国外也不能像在日本那样做报纸广告。优衣库在纽约的所有地铁车厢上都打上了"优衣库"和"热感技术"的字样,还在公交车身上做广告,但我们并没有如此雄厚的资金,更何况那种大张旗鼓的宣传本身就违背了无印良品的哲学理念。

所以首先,我们完善了卖场的摆设,争取让更多美国顾客知道 MUJI。为此,我们以"What is MUJI"为主题,从产品手册、店内展示和网络等方面着手,宣传自己的概念。其次,又在商品上悬挂"原来如此 POP"(无印良品店铺中使用的商品说明 POP)吊牌,介绍商品所使用的素材和商品概念。美国顾客本来就具有经过多方询问、自己认同之后再购买商品的特点,那样的 POP 也成了让顾客对无印良品哲学理念产生兴趣的契机。

同时，我们又重新审视每一项经费，尽量减少浪费，以坚持脚踏实地工作来应对危机。就这样，到了二〇一一年，我们终于恢复了盈利。尽管没有爆发性的热销，但用过MUJI商品的回头客越来越多，风评似乎也越来越好了。

我们认为**只要能在三年内消除赤字，就无须从那个地区撤退**，便一直坚守了下来。二〇一二年，MUJI又在旧金山市的南市场开了新店，到二〇一五年为止，我们已经在美国开设了九间分店。

在经营过程中，有时确实会出现不得不一直忍耐的时期。

问题是如何度过那个时期。大多数情况下，很多人都会选择降价促销或者在电视上打广告，但如今，更需要摸索些与前人不同的做法。

不过，会破坏品牌形象的摸索却是不可行的。只顾着追求利益而忽视了品牌的哲学和概念，就是因小失大了。**就算营业额能够恢复，品牌形象一经破坏则很难复原。**

因此我认为，在困苦时期竭尽全力完成眼前的工作，其实是解决困境的最佳途径。

"早期进入"这一大原则

应该在什么时期进入什么国家呢?

判断时机是非常困难的。可是有一个原则,那就是在别的企业尚未出手时抢先进入(早期进入)。

到印度尼西亚查看时,我们发现大街上到处都是摩托车,甚至比汽车还多,一辆辆汽车都不得不在摩托车群中穿行。

看到那个光景,我决定"要出手必须趁现在"。因为摩托车数量众多,意味着那个国家正处于经济发展的初期。

我们在二〇〇九年决定进军印尼,当时优衣库和宜家都还没来到这个国家。同为日本企业的大户屋则在我们开店的前一年在印尼开设了第一号店,目前已经确立了印尼日料餐厅的先驱地位。

印尼最近十年一直都保持着5% ~ 6%的经济增速,属于新兴经济体之一。人口数量居世界第四,拥有超过两亿人的巨大市场。只要经济持续增长,总有一天汽车数量会超越摩托车吧,到那个时候再进入这个市场就太晚了。因为在经济尚未完全成长,正处于上升阶段时进入市场，成功率会更高。

印尼的MUJI商品现阶段还略显昂贵，并非是所有人都能随意购买的水平。因此我们的顾客主要是中产阶层以上的人群。可是，随着国民生活水准上升，中产阶层人数增多，他们就很有可能会成为MUJI的顾客。

在经济新兴的国家，MUJI也是备受人们憧憬的品牌。过去处在高度成长期的日本憧憬着美国的生活。黑白电视机、冰箱和洗衣机被称为三大神器，拥有这三样东西的家庭都会受到人们的羡慕。现在的日本何止这三大神器，所有家庭几乎都配备了差不多的家电，每家一辆车也成了很普通的事情。在经济新兴的国家，总有一天也会迎来那样的生活吧。虽然他们现在还买不起MUJI，但那已经成了人们有一天想买来看看的品牌。为了那个"有一天"的到来，必须尽早开店，让品牌渗透到那些地域。

关于"早期进入"还有另外一则具有代表性的故事。

中国四川省成都市最高端的百货店当属伊藤洋华堂。伊藤洋华堂在一九九六年作为外资零售企业，成为全世界第一个得到中国政府许可在其全境开设店铺的品牌。也就是说，他们第一个登陆了中国市场。

据说当初伊藤洋华堂招聘当地人作为员工，向其传授日本式的服务时，还是有很多人非常抵触对顾客低头微笑的举动，尽管如此，他们还是坚持不懈地进行了指导。此外，他们还成功在中国实现了本土化。虽然一开始完全照搬日本方式进行操作，但伊藤洋华堂很快发现，中国是个重视品牌入驻的国度，若没有实力超强的品牌入驻，生意很难做得下去，便进行了大手笔的方向调整。

通过这些努力，加之日本制产品本身的信赖度很高，伊藤洋华堂的生意兴旺起来。目前已经在成都开设了六间分店，营业额比位居第二的北京王府井百货高了不少。

另一方面，于二〇一一年进军成都的伊势丹在一开始却经历了严峻的困境。那虽然是在日本和上海知名度很高的百货商店，但在成都却几乎没有人知道。

二者是相邻的店铺，规模也大致相同，伊藤洋华堂的顾客每天摩肩擦踵，伊势丹却门可罗雀。想必其中原因就在于伊势丹错过了开店的最好时机吧（尽管如此，伊势丹每年的营业额似乎也都在上升，最近还开了二号店）。

果然，第一个登陆某个地域是最好的制胜模式。

只要能够尽早渗透那个地域，就能在竞争企业出现前巩固好自身的地位。中国街上的高级轿车绝大多数都是奥迪，那是因为大众汽车（奥迪的母公司）最早进入了中国。

如果能第一个登陆对日本服务和日本产品尚不熟悉的地域，就能给当地带来"感动"。没有任何东西能够胜过那种冲击。

顺带一提，进入经济新兴的国家时，人均 GDP 也是参考指标之一。人均 GDP 与上年相比有所增长，意味着那个国家的经济正在成长。**虽然要登陆人均 GDP 负增长的国家很是困难，但 GDP 略低、发展率却很高的越南和柬埔寨也都是有潜力的市场**，这可以成为一个判断的参考。

中产阶层人数的增加能够拉高人均 GDP，这也使其成为了一个判断标准。MUJI 的购买层集中在中产阶层，如果那个阶层人数增多,店铺开设后得到当地人认可的可能性也会变高。

　　如此这般,用数据分析配合实地考察,根据城市的情况来决定是否开店便是我们工作的基本指导。

没时间烦恼"是否要进军海外"

早在我就任社长之前就与我司关系很好的 Shimala 于一九八八年登陆中国台湾市场。顺带一提，他们在台湾的正式名称是"思梦乐"，在中国大陆则是"饰梦乐"。

Shimala 在日本也从不到一等地段开店，而是将店铺集中在从车站开车约有十分钟车程的郊外地段。直到最近，他们才在东京都内二十三区[1]这样的中心地段开店。

Shimala 的特征是廉价品类多，而之所以能够盈利，是因为他们的房租非常便宜。此外，他们还几乎不花费广告宣传费用，并构筑起了跳过批发商直接配送至店铺的系统，大量削减了经费。其营业额在服装专门店中排名日本第二、世界第八，是一家极其优良的企业。

言归正题，MUJI 和优衣库在台湾都选择了进驻繁华市区和

---

[1] 指位于东京都中心的二十三个特别区，同属"东京都"这一行政区划的还有多摩地域的二十六个市及伊豆诸岛等地。

大型商业设施，但 Shimala 却将店铺单独开设在了郊外。

只是，在日本郊外可以寻找无人使用的农田，将土地租借过来开设店铺，并将租金压缩大约 5%，到了海外却不能如愿了。就算在郊外租到土地开设店铺，他们的商品也比日本要昂贵，更无法像在日本那样控制物流成本。换句话说，在日本的商业模式到海外就行不通了。因此，海外开店十三年间，Shimala 一直无法摆脱赤字。

现在，他们在台湾开设了三十九间店铺，在上海开设了九间店铺，完全不能算多。并且听说他们在中国大陆的困境比台湾还要严重。大陆市场竞争激烈，但凡在租金昂贵的市中心开店便会马上陷入赤字。于是他们又尝试到郊外开店，结果租金虽然下来了，营业额却上不去，还是会陷入赤字。目前他们正在困境中挣扎，摸索着盈利的途径。

尽管如此，Shimala 的顾问藤原秀次郎先生还是说，必须要走到海外去。

"不断尝试，直到成功，绝不撤退。"他一直坚持着这点。

如果 Shimala 因为自己的商业模式在海外并不适用，因此而放弃了努力，他们就永远都无法进军海外。那样一来，就不得不在日本渐渐缩小的市场上苦斗，相当于选择了一条让企业不断衰败的道路。

因为意识到了这一点，他们才会一边苦战，一边学习在海外战斗的方法吧。

今后的时代，无法在世界成功的企业，在日本国内也难以生存下去。这一点已经变得越来越明显了。

目前已经到了没有时间烦恼"是否要进军海外"，而应该烦恼"该如何进军哪个地域"的阶段。

企业走出国门后，需要花费很长时间才能到达可以称之为成功的阶段。

优衣库迅速发展海外事业，仅在二〇一五年度中就让海外店铺数超过了国内。但他们在刚进入英国时，也曾经因为快速扩张，开设了二十一间店铺，而背负庞大的赤字，最终只能将店铺数缩减到六间。果然，无论什么企业，都要在失败中寻找自己独特的制胜模式。

关于海外发展，只能在不断试错中，一边实践一边经历失败来寻找制胜之道。无印良品在一些地域也还在摸索着自己的制胜模式，当然也有失败的案例。

尽管如此，走出去还是唯一的生存之道。

在商界，多数人的想法都是尽量避免失败和风险。这确实没错，但我们真的没有滴水穿石的时间，因此还是必须尽快展开海外业务。

然后，更重要的是不断尝试直至成功。

从我的经验来看，就算要经历苦战，最终也一定能够找到突破口。而越是不停尝试不断犯错，就越能尽快找到那个突破口。在海外发展这件事上，我希望所有人都能够不惧失败，勇敢挑战。

Chapter Two

用"巡航速度"扩大经营吧
——七种方法,决胜海外!

MUJI之所以能够跨越国境，受到广泛支持和喜爱，是因为许多顾客对我们的品牌概念产生共鸣，并到店消费。

可是，仅有这些是不够的。

作为一个企业，若没有制胜的战略和战术，是无法在世界舞台上保持胜利的。

接下来要介绍的，**是无印良品在海外从"失败"中学习到，并转化为"成功"的一些方法。**

这些并非只适用于无印良品的特殊方法。对各行各业应该都能适用。

在此，我总结了七点，希望能够给准备进军海外的各位读者提供一些参考。

方法一 保持独特性

· "没有竞争的领域"在哪里

日本企业要在海外获得事业成功,独特性是不可或缺的。

或许有人会觉得"这是最困难的"吧。可是,我们不能因此而逃避。**独特性能够避免"不必要的竞争"。**

所谓独特性其实就是字面意思,别人没有、自己独有的东西。拥有以前从未有过的商品、服务或者商业模式都是成功的关键。

日本企业在海外陷入苦战的其中一个理由,就是无法在与对手企业和商品的竞争中获胜。例如山田电机在二〇一〇年进入中国,却只开设了三间店铺。其中两间店铺还在二〇一三年关闭,如今只剩下了一间。

在中国,将 LAOX 收归旗下的苏宁云商集团这家家电量贩企业占据了零售企业第一位的位置。第二位是国美电器,同样是一家家电量贩企业。仅仅这两家企业就在中国国内拥有超过三千二百间店铺,营业额相加超过五兆日元。

面对那样的强敌，在日本国内营业额达到两兆日元的山田电机就算进入了，也无法轻易获胜。简单来想，对手的竞争力是自己的2.5倍以上。

山田电机试图用日本的家电制品来决一胜负，但好像销量并不怎么样。确实，现在到日本来的中国顾客都会大量购买日本家电制品。可是那些家电制品仅限于电饭煲和照相机，这并不意味着其他商品也能畅销。那么，这是为什么呢？

在中国人气最高的是中国、韩国、德国的家电产品，日本产品中较受欢迎的只有大金和TOTO而已。日本家电虽然性能很好，但价格偏高，使中国当地顾客很难出手。人们在选购时，大型厨房家电选择德国产品，生活家电则选择没有多余功能的中国或韩国产的廉价产品。日本家电制品其实并不符合当地人的需求。

与此相对，LAOX如今在日本却如日中天。

LAOX曾经一度面临倒闭的危险，后来接受了苏宁云商集团的出资，将业务形态转换为主要面向中国顾客的综合免税商店，目前销售的商品有高级钟表、奢侈品箱包、化妆品、纸尿裤、电饭煲和照相机等日本制品。中国游客会乘坐大巴来到秋叶原和福冈的店铺中"狂买"。店内可使用中文,也能使用中国信用卡,因此很受中国顾客欢迎。

与那种资金力量雄厚,又在逐步构建起商业模式的企业竞争,若非拥有同样资金力量的企业,恐怕是十分困难的。

后期加入竞争对手众多的市场,是一项非常困难的挑战。若顾客已经对先来者的商品和服务感到满意,那更是难上加难。

扫地机器人 iRobot 之所以能够在日本扎根并大受好评,是因为它在刚刚发售时,日本还没有能够自动扫地的家用机器人。

如今,各个家电制造商都在开发具有高性能、适合日本住宅状况的扫地机器人,但在销售时,所有商品都会被加上"像 iRobot 一样"的标签。由此可见,独特性的力量是极其强大的。

商品和服务的魅力固然重要,但最具价值的还是"独一无二"。可以说,MUJI 之所以能在海外成功,也是因为 MUJI 这个品牌拥有着其他品牌所不具备的独特性。

·没有独特性的企业"无法取胜"

那么,作为无印良品制胜武器的"独特性"究竟是什么呢?

通过日常生活中使用的物品,"提出新的生活方式"这一品牌概念本身便是一种独特性。

比如无印良品供应的"简约而经济的家具"本身便彰显了"简约而经济的生活";再比如使用棉屑制作的抹布等"环保商品"也彰显了"环保的生活态度"。此外,使用方便又美观的食器也默默地主张了方便的生活中也要重视机能美。

让选择使用无印良品的商品这一举动本身,成为一种生活态度——这便是我们所强调的经营方式。

另外,商品的品类也能做出自己的独特性。

例如被问到"无印良品的竞争对手是谁"这个问题时,能列举出的名字有优衣库、H&M、GAP、ZARA等等。只是,这些企业仅仅是无印良品在服装领域的竞争对手。我们还经常被拿来与宜家、Habitat 和 francfranc 进行比较,但这也仅限于家具和杂货、日用品部分。虽然存在与无印良品部分领域有竞争的企业，却从来没有哪个企业会在所有品类上与无印良品竞争。

也就是说，拥有"在衣食住所有方面提出独特生活态度"这一商业模式的企业只有我们一家。**没有竞争对手，这无疑对无印良品的海外发展极为有利。**

无印良品的商品基本上无论在哪个国家都一样，但根据生活习惯和市场成熟度不同，同样的商品也会出现各种不同的使用方法。比如，陶制器皿可以作为餐盘使用，也可以作为置物碟使用，甚至可以用来当烟灰缸（当然，无印良品并没有刻意推荐那些使用方法）。使用的人根据自己的价值观进行选择，然后使用，这是成熟市场中的商品实态。

单看某种商品，文具类的营业额占据较大比例也是无印良品的特征之一。目前为止，专门经营文具类商品的跨国企业唯有无印良品一家。虽然存在诸如高仕（CROSS）这样的文具制造商，但在零售行业，却是没有先例的。因为文具类商品无论在日本国内还是海外都属于主力商品之一，这也可以说是无印良品的一种独特性。

　　长时间以来，虽然日本人擅长改良既存商品，使其小型化或多功能化，却总有人说我们不擅长发明全新的东西。日本企业在海外遭遇苦战的原因之一，就在于不能在原创性上决胜负。可是，看到这里各位便能明白，**就算不去开发能够申请专利的功能和划时代的崭新商品，也能够做出自己的独特性。**

　　相信有很多企业都总结了战胜竞争店铺、竞争企业的智慧，但只要一开始就不存在竞争对手，就没必要去思考那些了。这样一来，就能避免与对手竞争产生的不必要消耗。

　　拥有他人无法模仿的独特性，好处并不仅止于避免与其他企业的竞争。相反，有时还能令与其他企业"共存"成为可能。实际上，在MUJI进驻的大型购物商城中就算有优衣库和H&M进驻，在许多情况下也能各自取得成功。

　　正如在日本国内，许多顾客会被"世界首创""日本首创"这种宣传语吸引，那些前所未有的崭新事物在海外也会备受瞩目。

有句俗语叫"宁为鸡口，不为牛后"，选择还没有人做的事情，坚持走出自己的路线，这样有百利而无一害。如果自主商品和服务中不存在独特性，就必须从那里展开反思。

方法二 入乡随俗

·世界只存在"本土市场"

我一直反复强调"世界不存在全球市场,只存在本土市场"。

谈到海外发展,多数时候企业都会高举"全球视角""向全球市场传递信息"这样的标语。可是,这个全球化究竟是什么呢?就算听到"要拥有全球视角",很多人也会不知所云。说到底,**成为全球化企业,指的就是能够进行适应各个地域的经营**。能够在世界各地进行本土化的企业,就能成为全球化企业。

只要想想从海外进军日本却最终失败的企业案例就很好理解了。

无法适应日本市场的企业,通常过一段时间就会撤出。法国大型超市企业家乐福便是其中一例。他们失败的原因就在于无法让自己的商业模式适应日本的市场。在海外发展时,必须进行能够被那个国家的人们所接受的经营调整,否则就无法成功。

在全球发展的企业,经常被认为无论走到什么地方都会以同样的方式销售同样的商品，但事实并不完全如此。每个企业都会开发一些适合当地的商品，或是改变销售方式，甚至让部分公司机制迎合当地特色。

进入日本的可口可乐公司开发了许多诸如罐装咖啡"乔治亚"、绿茶饮料"绫鹰"这般日本独有的商品。星巴克也有大量像"抹茶星冰乐®""煎茶拿铁"和春日限定的樱花系列这样的日本原创商品。因为将在美国销售的商品完全照搬过来并不适用，他们就开发了符合日本人口味的商品。

MUJI虽然不会制造只在海外销售的商品，但每个国家的人事、劳动关系都各不相同，我们会根据具体情况进行相应的调整，也会在不同国家应用不同的商品调配方法和退款、换货流程。

配发到日本所有店铺的指南手册MUJIGRAM还分别制作了英文版、中文版、韩文版和新加坡版、澳大利亚版。因为其中存在"单纯从日文翻译过去"无法适用的部分，我们还会随时进行改善，创造适应各个地域的MUJIGRAM。

我认为，这种灵活应对才是真正的全球化。如果只是把日本销售的商品原样照搬到海外，是不能称之为全球化的。

再举另外一个例子。

MUJI 开店时虽不会进行大规模的市场调查，但还是会进行一定程度的实地考察。MUJI 在进入中东地区的科威特时，曾将当地店员邀请到有乐町的店铺听取意见。直到那时我们才知道，在科威特使用的都是特大尺寸（约 2m×2m）的床。因为科威特的住宅面积很大，即使在单人房间也不会配置单人床。此外，我们还得知，连桌子等家具也是越大越好。

于是，我们便决定在中东开发原本无印良品没有的大床（这虽然是特例）并进行销售，随后又补充了更多大尺寸的桌子款式。调整自身的商品来适应科威特顾客的需求，这也是 MUJI 风格的本土化行动之一。

·"这个应该很好卖"并不可信

在海外发展中，存在许多不到那个国家便无法知晓的东西。经常还会出现与预料相左的事态。

例如，在日本几乎卖不出去的螺丝刀套装在欧洲却卖得很好。因为欧洲家庭普遍倾向于DIY，很多家庭都配有自己的工具箱。可是，适合女性"把松掉的锅把上紧""更换遥控器电池"这种小作业需求的、紧凑而实用的螺丝刀套装却并不存在，所以MUJI的螺丝刀套装才会成为长期畅销的商品。

另外，通常会有人认为，在全年高温的泰国，毛衣和外套一类衣物不会卖得出去，但实际并非如此。泰国人去如日本和韩国这种有寒冷冬季的国度旅行时也会需要用到防寒衣物，因此还是存在销路的。

在日本思考"这个应该能畅销""那个可能卖不出去"而设计的商品品类，到了当地往往会遇到超乎预料的情况。有时候某些意想不到的商品却会获得众多人气。因此最重要的是，不要抱有先入为主的观念，先到当地去看看。

在海外是否能成功，关键在于是否能适应那个国家的市场进行灵活应对。为此，当地员工能进行什么程度的状况判断和行动便成了重中之重。

方法三 确立全球化的三个条件

要在海外事业成功，必须确立以下三个条件。

①品牌

②商业模式

③执行力

若这三个条件不能同时具备，就无法顺利实现全球化。这是MUJI在海外发展事业时学到的。

·如何培养"品牌＝信誉"

"品牌"基本上等同于"信誉"。所以我认为，没有品牌影响力就很难参与竞争。

在品牌这一点上，CHANEL和GUCCI这样的奢侈品牌跟无印良品（MUJI）其实是相通的。正因为品牌影响力得到了认可，顾客才会进入店铺，把商品拿在手中。

要在海外获得成功，就要推广品牌，使其渗透到那个国家的人们心中。为此，就必须考虑品牌战略。当然，在进行海外渗透前，在日本国内积攒品牌影响力是一个大前提。可以说，**在国内无名的品牌，几乎不可能在海外获得成功。**

在那个过程中，如何构筑自身品牌的立场，这一品牌定位就显得尤为重要。

在MUJI，从刚开始进军海外时起，便一直贯彻着既定的品牌路线：提倡以融会在"禅"和"茶道"中的日本传统价值观为基础的生活态度。

并非华美而功能众多，而是去除了冗余的朴素，这一方向性正是对"用之美"的诉求。

在禅学中，经常会用到"知足"这一概念。那是来源于《佛遗教经》中下面这句教诲的词语。

"知足之人，虽卧地上，犹为安乐；不知足者，虽处天堂，亦不称意。不知足者，虽富而贫；知足之人，虽贫而富。"

相传为千利休所说的"家有顶，食无饥，为足也。"也有同样的意思，告诫人们应该戒除无尽欲望。我认为这是体现了人们对待生活的美学意识的话语。

无印良品一直提倡的不要"这样才好"而要"这样就好"的理想的原点，也是那种"朴素之中孕育丰盈"的思维方式。

当然，商品和服务满足一定质量也是很重要的。我们一直都在研究和完善能够彰显无印良品品牌的商品制作方法、品质和功能。并不是单纯化繁为简，而是致力于创造外形优美并且能够被长期喜爱和使用的终极设计。

与最初进军海外时相比，现在MUJI的品牌已经渗透到顾客之中，更容易在新的地域实现成功。这就是所谓的品牌影响力。

可是，无名企业并非一朝一夕便能构筑起品牌影响力，只能一点一点逐渐积累。**首先在那个国家的首都或主要城市选择地段较好的地方开店，是获得品牌影响力的第一步。**

以日本为例，就是在东京或大阪的好地段开店这种感觉。当然租金协商是必不可少的，但首先要开在容易引起注意的地方。若不尽量让更多人知道这个品牌，就无法展开后续行动了。我担任社外董事的外食连锁店大户屋在中国陷入苦战的原因之一，我认为就是突然在郊外开设了店铺。中国对日料的需求还是很高的，即便把大户屋的定食菜单直接拿过来用也不会有问题。只是，它作为一个品牌尚未完成渗透，无法轻易招徕顾客。因此我认为，一开始尽管租金稍微昂贵，还是要在北京或上海的中心地段开店，待知名度上去之后再把店铺开到郊外，情况应该会好一点。实际上，大户屋关闭了郊外的两间店铺，重新开设的上海店确实生意很不错。

开店成功的案例应该可以列举开展一千日元理发业务的"QB HOUSE"。他们一度与海外代理商合作并失败，现在则自主开设店铺，已经发展到了在中国香港拥有四十八间店铺的规模。

QB HOUSE 的开店特征是，在地铁站中三坪左右的空间开设店铺。这一方法即使在香港中心地段也能将租金控制得较为低廉。而他们的服务与日本相同，都是以快捷廉价的理发服务来博取人气。再加上店铺数众多，好像当地人也都知道这个日本品牌了。

只要品牌被认识，就能获得继续开展长期业务的优势。无论什么行业，都会在时代的发展中迎来自身商业模式不再适用的时刻。但是**品牌却拥有更具普遍性的力量，能够承受商业模式的变更。**

例如 BMW 集团旗下的"MINI"，是经历了数次企业兼并依旧能够留下来的系列。就算经营方式顺应时代发生了改变，品牌影响力依旧能保证事业持续，这就是一个经典的例子。

· 海外"适用"的商业模式是什么？

海外适用的商业模式之一，便是高收益的商业模式。

有人可能会想："要是真能得到高收益，我们早就用了！"可是，试想那种商业模式如果连获得高收益的可能性都没有，要在海外运用应该是非常困难的。

事业发展到海外，会出现超乎想象的成本。无论哪个国家的租金都比在本国高，特别是经济正在成长的国家，租金更是连年上涨。物流机制一旦有所不同，成本也会增加，还要花费人员费用。如果没有在那种条件艰苦的地方也能获得收益的商业模式，就无法在海外生存。

目前拥有最强商业模式的还是 CHANEL、GUCCI 和 LOUIS VUITTON 这些奢侈品牌。

他们坚守能够迎合"王室"和"贵族"需求（后文详述）的超高质量，在自有工厂一件一件精心制作产品，这一传统被延续到了今天。尽管有着大量需求，供给数量却非常少，不会顺应需求进行大量生产，并且只按照正价销售。不仅如此，各国的直营店都不会租借一等地段商铺，而基本上都是建造自己的大楼。即便如此还能保证盈利，并确立了能够保证令人难以置信的高收益的商业模式。

无印良品的商业模式被称为 SPA（制造零售业），也就是自己制造自己销售的业态。SPA 这一业态的优点就在于能够通过销售直接听取顾客的需求，并反馈在商品中。此外，与向制造商下订单相比，毛利更高也是优点之一。

打个比方，售价为一千日元的商品，从中间商采购需要六百五十日元，自主生产却可以控制在五百日元。因为省掉了中间商的利益环节，也就形成了高收益的结构。

只是，因为无印良品全都是原创商品，一旦商品开发和销售不理想，就存在大量积压库存的风险。在这一点上，或许可以称之为高风险高收益的商业模式。

要进行高收益的经营，恐怕只有从结构上控制制造和销售成本，或者增加营业额这两条路吧。

· 迎合当地需求的执行力

执行力是指进行商品销售和提供服务，实际贯彻企业目标的能力。

把在日本构筑的商业推向海外时，具体指的就是迎合当地需求和商业习惯的实地应变能力。

在海外，因为各种合同缔结方式和法律法规的不同，很容易带来困惑，同时也容易被当地从业者欺骗，无法根据日程安排进行开店准备。

当地员工并不一定会像日本人一样工作。在日本国内，订购十个商品，就会送来十个商品，在海外却经常会缺斤少两。

在这种环境中，若没有适应不同地域特点展开业务的能力，就无法在海外取胜。这时最需要的是企业的执行力，以及实际在当地工作的员工的力量。

迎合各地市场的特征，灵活地修正自己的商业模式也是非常重要的。

无印良品旗下拥有名为"Café &Meal MUJI"的咖啡简餐店，在有乐町、南青山、新宿等部分店铺中并行开设。有乐町的MUJI餐厅拥有将近一百坪的店面，经常会有顾客排队，年营业额是无印良品同规模店铺平均值的近两倍。

只是，这些店铺原本就是"咖啡厅"，夜晚的集客能力并不强。因为很少有人来这里喝酒，适合作为晚餐的餐点也不多，与白天相比顾客数量就会变少。

可是进入亚洲之后，情况却发生了翻天覆地的改变。我们在中国香港开设的MUJI餐厅即使到了晚上也依旧人气旺盛。因为香港盛行外食，晚上就算不喝酒也习惯到外面用餐，因此顾客们在晚上也会光顾虽无酒水却能够吃到健康料理的MUJI餐厅。虽

香港的 Café&Meal MUJI 到了晚上也生意兴旺

然店铺面积只有三十五坪左右，但每坪的平均营业额却是 MUJI 卖场平均值的 1.5 倍，成了非常突出的盈利来源。看来，香港的顾客们认为"MUJI 的饮食也很不错"。

无论什么地方的人，在吃这方面都容易变得保守，很难接受外来的饮食文化。MUJI 餐厅在海外开店一开始算是一场冒险。可是，香港曾经是英国殖民地，欧美化的程度很高，跟中国内地相比与日本的饮食情况更为相似。再加上那是一个拥有外食文化的地区，因此我们才做出了开店的决定。

尤其在食品方面，必须迎合当地文化和习惯来考量调味、菜单和提供方式等方面的工作。例如吉野家的牛肉盖饭，在日本被划为价格较亲民的 B 级美食，在中国消费者眼中却成了价格较贵的食品。而且，中国吉野家最好卖的似乎是鸡肉系列，其次是猪肉，而牛肉竟排到了第三。在日本普遍有着牛肉最贵最好吃的印象，但在中国，鸡肉却是最受欢迎的。此外，中国的调味也比日本要稍微浓厚一些。

顺带一提，中国也有诸如 7-11 这样的日本便利店，在那里，搭配各种小菜的便当几乎卖不出去。相比这种一次能尝到多种菜式，装盘也很好看的便当，顾客们似乎更青睐米饭上面铺着偏甜猪肉的便当。

由此可见，构思适合不同地域的菜品非常重要。只是，这仅仅是一方面。唯有那些真正具备了能够顺应当地特色、灵活改变商业模式的"执行力"的企业才能称得上强大。

方法四　永远将成本放在首位

· "忽略盈利"在海外同样 NG

发展海外业务时，固然会想就算有点赤字也要开店，可是，过于忽略成本是失败的源头。

也有人认为，就算海外出现赤字，只要用国内盈利补上就没有问题。但每个月都会产生大量赤字的店铺，总有一天会给整个公司的经营造成负担。没有希望回收成本的店铺，就必须考虑尽早关闭，这是我在 MUJI 过去的失败中得到的切身体会。

在考虑成本时，最应重视的是租金，但综合考虑营业额和品牌影响力的提升也同样重要。从这个意义上说，想在海外成功，关键就在于"到什么地方去"。

此前在谈论品牌影响力时也有提到，要在海外确立自己的品牌影响力，一个必要条件就是到那个国家的首都或主要城市去。英国的伦敦、中国的北京和上海、法国的巴黎、意大利的罗马和米兰、美国的纽约和旧金山等城市都属于目标范围。

在那样的首都和主要城市中,还必须选择被称为一等地段的地方开店以吸引顾客的注意,否则就无法变成大家都知道的品牌。为了确立品牌影响力,最好还是谨慎选择登陆地点。

罗多伦咖啡在银座四丁目的交叉路口这一日本地价最高的地段开了一家咖啡厅,名叫"Le Café Doutor",在罗多伦这个品牌中也属于高端店铺。因为坐落在银座中心,店里总是几乎找不到空座,内部装潢和菜单好像也比一般的罗多伦要高端得多。一般罗多伦的咖啡一杯只要两百日元,那里则定为了三百八十日元,尽管如此,还是比银座其他的咖啡厅要便宜。

我不知道那家店有没有盈利,但在日本,跑到"一丁目一等地"开店,其风险和影响在某种程度上是可预测的,还算安全,并且可获得的品牌认知效果简直难以计算。不过在海外开店则需要多加注意。由于对土地的行情和风险难以预测,因此存在着更大的危险。有的国家甚至有可能爆发内乱和大规模暴动,或者像几年前的泰国那样发生大洪水这样的自然灾害。在海外,必须随时准备应对一些难以预料的事态。

· 是否考虑到了"租金变动"

既然是一等地段,租金自然会很高,若不尽快实现盈利,就会难以维持。我们在进军海外的初期阶段,也一直难以消除赤字。赤字的原因自然是营业额迟迟不能提升,但相对于营业额,租金实在太高也是失败原因之一。

为了不重复失败,我们采取的一个行动便是尽量控制租金。正因为需要进入租金昂贵的一等地段,才更要做得彻底。一旦签下合同,租金就会变成"无法削减的成本",因此在做出决定前必须慎之又慎。

具体来说,MUJI 原则上不会在租金比例无法控制在营业额 15% 以下的地方开店。自从贯彻这个原则后,无论在亚洲还是欧洲,新店铺都能在一年半左右的时间内实现盈利,因此我认为,这或许可以成为制胜的模式之一。

海外的租金合同条件与日本完全不同。而且每个地区也各不相同，因此更要格外注意。

　　伦敦地少人多，一般都会给出二十年甚至二十五年合同这种强势条件。中途不能解约，若想撤出，就必须找到愿意接手的人。可是还有个条件，一旦那个接手人撤出，支付租金的义务就会再次落到我们头上。

　　当初在伦敦开店时，负责团队可能并没有意识到那样的合同会变成多么沉重的负担，又或许他们想的是"不会有问题的，MUJI一定会变成伦敦顾客持续热爱几十年的品牌"。

　　可是，商场是时刻在变动的，不能设想巅峰时期来进行考虑，而应该预见到低谷，并在此基础上考虑合同条件。

　　另外，我们最好牢记，**通常世界主要都市的租金在几年后都会翻倍**。其实，日本的不动产合同算是很有良心的了。

　　香港生意最好的MUJI新港中心店签的是三年合同，但在更新合同时，对方提出要把租金提高两倍。因为MUJI生意很好，房东一定认为把店面"分成小块"租给我们就能成倍抬高租金吧。

　　可是租金涨成那样，我们实在是不划算，便干脆关掉了那间店,在旁边的大楼里开了新店。那里至今仍是生意最好的店铺之一。至于新港中心,后来好像马上就有新店铺入驻了,不过现在却门可罗雀。

在海外,这种进退选择也是常有的事。

·在"一等地段"中寻找"二等、三等"

人人都想控制成本(租金)。可是,同样也想进驻一等地段——要两全其美自然是非常困难的,但方法并非没有。

那就是在一等地段中,摒弃"一丁目一等地",而去寻找第二、第三等的地点开店。

有能力在一丁目一等地,也就是最能招徕顾客的一楼临街店面开店的,还是只有 LOUIS VUITTON 这样的高端品牌。他们就算支付了昂贵的租金,想必也能维持盈利。可是,若不是那种高端品牌,考虑到营业额和租金的平衡,就实在是下不去手了。换句话说,我们并非不愿意在一丁目一等地开店,而是开不起。

实际上,香港的海港城就是一楼 PRADA,四楼 MUJI 这样的布局。在中国其他地方，一楼高端品牌，二楼MUJI这样的布局也非常常见。

还有另外一种稍微变通的方法，就是在租借大楼的一层和二层时，**租金高的一楼只租个小店面，便宜的二楼则多租一些，在整体上控制租金。**

这么一来，就算无法在一楼开店，只要在进驻了高端品牌的大楼中开起店铺，也能制造MUJI处在高端品牌延长线上的印象。这在日本是不可能实现的，因为高端品牌只进驻百货中心内部或是干脆在自有大楼里开店，只有在海外才能这样做。当然，作为一个品牌若不能得到相当的认同，是不可能与PRADA进驻同一栋大楼的。

"就算在一等地段，也不追求其中的一等地点，而是寻找二等、三等"这一开店基准，并非为了强调自身的独特个性，而是与倡导"这样就好"的节制生活的无印良品概念相符合的做法。

正如有的店铺会故意开在小路上，营造"酒香不怕巷子深"这种气氛，选择与品牌相称的地点，在事业成功的进程中具有重要意义。

不仅仅是租金，还有夸张的广告、宣传性的促销活动和过高的折扣等，在这种性价比可能较低的地方投入成本时，必须慎之又慎。若没有把握今后能够收回成本，我认为就不要轻易在这些方面投资。

方法五 构筑不会失败的机制

·商业没有"偶然"

商业中几乎不存在"偶然"或"碰巧"。特别是在海外发展时,依靠"运气"是很难持续经营并获得成功的。所谓"撞大运"或许正如字面意思,虽然一时形势不错,但很快便会露出马脚,一溃千里。

当然,先随便开几间店,把盈利的留下,赤字的撤走,也算得上是一种方法。可是,这在经营上就会形成不稳定的局面。想必能够承受得起赤字的企业并不太多吧。

尝试与失败固然必要,但若不将经验转化到下一步行动中,那些失败就没有意义了。

这在 MUJI 也是同样的道理,从失败中找到某种模式,一点一点提高成功的概率,只有这样才能在真正意义上获得胜利。

我认为,**要将失败经验运用到下一次尝试中,构筑相关机制是非常重要的**。经历了惨痛失败的人自己或许能够在之后工作中融入独有的经验法则。可是，若仅仅依靠这样的经验法则，就会陷入离开那个人就什么都做不成的状态。

对企业来说，拥有一个优秀员工自然对其有利，但相反，正因为员工优秀，便也产生了被其他企业挖走或是独立出去的可能性。从员工个人所经历的成功和失败中抽取出重要部分将其标准化，让所有人都能借鉴得到，这才是真正对企业有长远价值的做法。

与业务有关的知识不应该只让个人掌握，而应该作为企业共同的财产积蓄下来，转化成让任何人都能做到同等水平的机制才是重中之重。若没有那样的机制，那么失败对企业来说就成了纯粹的浪费。

还有别的例子可以证明，将个人经验转化为公司机制能够提高成功的概率。

在进驻不熟悉情况的国家时，很多人都会依靠当地中介进行市场开发，但其中却存在着陷阱。中介的收入来源是中介费用，因此会优先考虑大量签订合同。那样一来，必然就会被劝说选择地段良好租金高昂的地方，或者被催促尽快签订合同。

MUJI在刚开始发展海外事业时，也曾经依赖过中介，因此在店铺选择上遭遇了挫折。现在，我们基本不再通过中介，而是自主寻找开店地点。这就是防止失败的机制之一。

·制作开店的指南书

那么，在不依靠直觉的前提下，到底该如何决定是否开店呢？

拙著《解密无印良品》中曾经介绍过，无印良品内部存在着MUJIGRAM和业务规范书这两本工作手册。一切业务都以指南为基准进行，而且这两本手册还会经常更新，保证员工能够适合社会和需求的变化，选择最合适的方法。

我认为，发展海外业务也能制作手册。

不同地区有不同的市场状况，其中的法律法规和社会环境也都大不一样，尽管如此，还是存在像"租金"这种能够加以规范化的部分。我的想法就是，寻找能够规范化的因素，构筑起不靠个人直觉，让所有人都能进行是否开店的判断的机制。

现在，MUJI在开店时都使用"开店基准书"这一表格来进行判断，这是国内同时也在使用的"开店基准书"的海外版本。

在这里，我介绍一下其中部分内容。

商业设施

☐与最近车站的距离：在"直达至一千米"中，分为五个等级

☐车站客流量：在"不足五万人至三十万人以上"中，分为五个等级

☐超市面积："一千平方米以上"2分，不足则1分

☐有无KTV：有则加2分

☐有无影剧院：有则加2分

☐商户入驻数：在"两百店以上至不足五十店"中，分为五个等级

☐有无知名商户：优衣库、ZARA、H&M、GAP等店铺数，分为三个等级

☐商业设施总营业额：在"不足十亿元至二十五亿元以上"中，分为五个等级

这是进入中国内地开店时使用的开店基准。各个项目的分值是与北京大学共同研究制定的。

"开店基准书"各个考查项目可划分为"市场""周边环境""商业设施""店铺环境"四个大项。我们会对所有二十八个考查项目进行打分，再用合计分数来评价开店候选地段。在中国，我们没有考虑过开设路面店铺，因此开店候选地一般都是综合商区和大型商业设施。

将KTV和影剧院的有无加入判断基准可能比较少见。不过在设有这种文化设施的地方，必然存在很多有能力为兴趣花费金钱的人，他们也很有可能会走进MUJI的店铺。

基准书满分为100分，根据分数合计，分为"S、A、B、C、D"五个等级。S级的地域将成为开店的优先候选地。

此外，从这份评分中还能推算出年度收益。

因为会事先预测出大概的营业额，自然也能推算出合适的租金。

像这样根据评分来开店的结果便是，到二〇一三年为止，在中国开设的店铺中约有 60% 获得了成功。只是，日本国内的开店成功率已经超过了 80%，所以其中还存在着很多改善的空间。

我们时刻都在更新"开店基准书"，随时修正预测不准的地方，以便让今后的开店成功率更上一层楼。

顺带一提，"营业额超出预期"这一情况也会被判定为"×"（不成功）。我们并不会用"生意比想象中要好啊"这样的话一笔带过，而会分析在预测阶段有哪些方面考察不足，以致"开店基准书"的精确度下降。

如此这般，在开店前后时常观测，就能提高基准书的准确性。只要有了这样的基准，无论让谁负责海外事业，都能以与之前一样的精确度开设店铺。

这应该算是让海外事业持续成功的秘诀之一吧。

方法六 让开店节奏适应各地的品牌渗透度

·在欧洲采取"缓行"最好

几年前，7-11宣布将在四个国家登陆的消息，成了人们一时热议的话题。

说到7-11，现在无论在哪个车站都能看到好几家店铺，堪称便利店业的巨头。

或许有很多人以为，他们在全国每个角落都开设了店铺，但实际上，直到二〇一三年，他们才在四国开设了首家店铺。7-11的经营原则是，便当等商品的制造工厂必须三小时内将产品送至店铺，因此在开设店铺前，必须先协调好工厂和配送系统这些基础设施。或许是因为这个，才影响了他们在四国开店的时间。

同样，7-11在海外也没有采取闷头开店的策略。7-11本是发祥于美国的便利店品牌，在美国拥有超过八千间店铺，但除了同样拥有八千间店铺的泰国和超过七千间店铺的韩国，他们在中国只开设了约两千间店铺，而墨西哥和马来西亚只有约一千八百间店铺。从数字可以看出，他们的"业务开展十分慎重"。在英国、法国、意大利和德国等国家，甚至还没有一间 7-11 的店铺。

我认为，这种会思考开店速度的企业，其海外战略也会更顺利。

当无名企业到海外发展，增加店铺数时，**必须让开店的速度适应其品牌在该地的渗透速度**。基本上，日本所有企业在海外都没什么名气，这也就成了所有企业都适用的法则。

在日本国内，只要选择在地段好的地方增加店铺，就能让品牌渗透进去，但是，在海外却没有那么简单。如果一股脑地增加店铺，也有可能最后会一片赤字，不得不马上撤退。准确分析品牌在该地渗透的时机，等待铺开业务的机会才是上策。

海外发展时，品牌在一个地区的市场会以什么样的速度进行渗透，不同地域是不一样的。

在品牌完成渗透之前，就算开了店铺，当地顾客也不会来光顾。对于 MUJI 也不例外。

在欧洲，优衣库后来也走上了与 MUJI 类似的道路。与 MUJI

不同的是，优衣库专门开设了旗舰店，花了大笔金钱进行宣传，加快市场渗透。MUJI则是一点点增加店铺，让客人亲自接触商品，然后成为我们的粉丝，从不进行大规模宣传。

尽管如此，优衣库还是没能得到令人满意的品牌渗透度，一度从伦敦退出了。在美国，优衣库也采用了同样的方法，但似乎也迟迟未能实现盈利。这也就证明，日本品牌要渗透到欧美市场中是非常困难的。

特别是欧洲人，他们对自身的历史和文化都满怀骄傲，因此有可能会对来自亚洲的品牌产生抵触心理。

欧洲大体崇尚贵族文化，人们都趋于保守。

到爱马仕的工房和美术馆去，能看到许多大行李箱。那都是过去贵族旅行时使用的，里面装着名牌食器和葡萄酒杯，还有一整套银制刀叉等餐具。然后，由仆人拿着这些用具，贵族们会去湖畔铺好野餐垫，如同置身城堡中一般享用美酒佳肴。在欧洲绘画中，也经常能看到那样的光景。

贵族们所追求的"真正"高品质，是与我们截然不同的超高品质。像 GUCCI、CHANEL、LOUIS VUITTON 这样的品牌，其产品也都迎合了上流阶层的要求。大部分商业模式都会在一百年内崩溃，但迎合上流阶层需求的高端品牌却没有那种担忧。今后，他们无疑还是会为了这类客户而继续存在下去。

另一方面，欧洲的一般老百姓没有如此雄厚的资产，轻易不会购买奢侈品。随便什么人都拎个奢侈品包的好像也只有日本和中国这种战后经济迅速发展的国家的人们了。

里昂是法国第三大城市，但他们就算有"巴黎春天"这样的大型百货商店，也见不到 LOUIS VUITTON 的卖场。因为对当地人来说，奢侈品实在是过于昂贵了。这种买得起与买不起的界线泾渭分明其实是欧洲的一个特征。

一般人都会长时间细心使用质量稍差的廉价制品。笔尖不顺滑的笔，写上去墨水会洇的纸张，这些便是他们日常生活的一部分。其中可能并不存在日本所谓的"中产阶层"。

在欧洲的家庭里，人们的生活意外地简朴。餐桌上并不如我们想象那般摆满了豪华的意大利或法国风情的食物，许多人都依靠自己喂养的鸡、自己种植的蔬菜和自己家制作的干酪和黄油生活。这对他们来说就是值得骄傲的生活。在那些地区，就算MUJI突然出现，也明显无法顺利经营下去。

在这种情况下，MUJI既得不到上流阶层的青睐，又因过于昂贵而让一般人难以出手，品牌渗透需要花上更多时间。正因如此，我们才一边观察情况一边缓慢开店。

·亚洲是能够用"特急速度"攻占的市场

在这一点上，亚洲可谓是"易攻"了。

对亚洲人来说，日本的商品和服务都是他们憧憬已久的，因此品牌本身被认知的速度非常快。如果把欧洲的品牌渗透速度比喻为"每站停车的慢行列车"，那么亚洲便是快如"希望号[1]"了。

现在，我们即使在中国台湾保持每年三间店铺的开店速度，也不会令既存店铺营业额滑落。而这个营业额本身也已经超过了

---

[1] 日本东海道新干线列车的一种型号。

一百亿日元。我们意识到，中国台湾是品牌渗透度快于欧洲三到四倍的市场。

而这到了中国大陆就会变成十倍速。

中国大陆城市根据人口和经济规模，被划分为一线、二线、三线城市（分类方法似乎不止一种）。一线城市和二线城市合起来共有三十三个，这些城市各自拥有千万规模的人口，可以将其想象成跟东京都差不多的城市。三线城市规模较小，人口大约为三百万左右。

在那三十三个城市中各开设一间店铺，再从三线城市中选出五个城市开店，这样一来，一年就能新开三十八间店铺了。中国经济目前仍在持续发展，愿意购买MUJI商品的中产阶层人数也在不断增多，因此就算店铺增加，也不会影响既存店铺的销量，能实现独立发展。

在经济成长中的亚洲各地，手头掌握金钱的绝大多数是年轻人，这一点想必与日本国内正相反吧。那些年轻一代购买欲旺盛，通过SNS等渠道获取信息的能力也非常强，因此，在那样的地区，

法国巴黎分店的印章专柜里还会销售埃菲尔铁塔的印章(上)
中国成都分店利用 PP 盒进行展示(下)

渗透速度自然会快很多。

并且未来这些年轻人的下一代也可能会成为 MUJI 的顾客。因为能够实现这种循环，这个市场的前景无疑非常大。

不过另一方面，因为成长速度快，也有可能像日本一样出现泡沫经济的崩溃。考虑到这个情况，必须保证企业自身能够随时应对变化才行。

MUJI 把过去的失败作为教训吸收，先保证每一间店铺实现盈利，再去开设下一间店铺。在中国，我们也坚持"只在实现盈利的地区开设多间店铺"的原则。观察第一间店铺的情况，随后再进行下一间店铺的开设计划，这样就能防止盲目乱撞，提高开店成功的概率。

方法七 如何选取适合海外工作的员工?

·首先创造"见识海外"的契机

海外事业能否成功,很大程度上也取决于把谁派到当地去。

我经常听到"被流放到海外了"的说法。那是员工明明不希望去海外上班,却因为跟上司关系不好而被调到海外去的情况。若因为这种事情被调到海外分店,当然不可能在当地顺利工作下去。作为公司本身,向海外输送员工会产生成本,若因为个人感情而决定调动人员,便会导致莫大的损失。

所以我认为,最优先考虑的还是把希望到海外工作的人派到海外去。

尽管如此,却有人说最近的年轻人大都不喜欢到海外工作。因为待在日本生活也能过得足够优渥,无须走出国门就能获得各种海外信息,并且无论是汽车、时尚还是 IT 领域海外最尖端的产品,也都能轻易在日本得到。在这种大环境下,想必已经没有那么多人像过去那般憧憬海外了。

为了让他们对海外感兴趣，最有效的办法果然还是创造实际体验的机会。

例如日立集团，每年都会派遣一千名年轻员工到海外去。他们的派驻时间是一到三个月，既有进行语言学习的，也有到当地工厂与当地员工一起工作的。

真正走出国门，接受文化冲击，这种体验比任何说教都要高效。

其中会出现"希望能做对贫穷国家的人民有帮助的工作"的人，也会有"再也不想到那个地方去"的人。不管怎么说，实践都能暴露每一个人的适应性。不直接调派到海外，而是提供一个短期体验，员工可以检验自己是否适合到海外工作，企业也可以以此考察员工。

无印良品也会派所有课长到海外进行研修。

每个人的研修时间都是三个月，到哪个国家去干什么都由本人决定。研修期间，公司总部几乎不会有任何干涉。反过来说，无论遇到什么问题，都必须要靠自己的能力解决。而这种"自己想办法解决问题的能力"便是胜任海外工作的一种重要潜质。

课长海外研修是为了让日本总公司保持全球化的社风,而通过那种体验,也能发现适合到海外去工作的人。

· 海外工作"能考验一个人的能力"

能够在海外活跃的员工,用一个词来概括,便是"自立"。

他们在理解了公司方针和目标的基础上,自己承担风险,用自己的头脑思考并完成一件事情。我认为这种人最适合到海外去。

拥有较高的沟通能力、体力和毅力,乐于接受新事物,能积极投身到新的环境中,即使经历些许失败也不会受到精神打击,这样的人就算语言不过关,想必也足够了。**海外勤务考验的并非工作能力,而是综合能力。**相反,对不懂沟通、不知变通的"老实人"来说,海外应该是个艰苦的环境。良品计划过去也曾出现过被派遣到海外后,承受不住精神压力,最终不得不回到日本的员工。当时派他出去是因为见他在日本工作十分优秀,但最终"无法跟当地工作人员沟通,就无法在海外完成工作"。从这件事中我也学到了很多。

派遣到海外并获得成果的员工，无不给人一种很享受与当地人交流的感觉。

亚洲人工作起来喜欢偷懒，欧美人自我主张欲望太强、不听指挥。在这种时候只会抱着脑袋烦恼"为什么他们都不听我话"的人，或许在海外是没办法好好工作的。

一边心想"真是没办法"，一边盘算"不如下次换这种说法试试看吧"，想方设法让对方理解自己的意图并行动起来，这样的人似乎还能与当地员工成为可以推心置腹的同伴。因此，相比那种容易想太多的性格，这种"总会有办法"的乐观性格应该更适合在海外工作。

我的理念是："所谓的'全球化员工'一开始就不存在。"

这点在第六章还会详细叙述，简单来讲，就是精通语言与否、是否有留学经验，这些都不是能够在海外活跃的人的必备条件。

说到底，原本在国内工作的人就能担任海外工作，语言只要慢慢学起来就足够了。只要企业能尽早发现具备上述素质的员工，妥善进行安排，就能培养出能够活跃于海外的人才。

因此，将企业能否在海外获得成功，归结于经营者是否有能力选择适用者也完全不为过。

Chapter Three

"日本之好"也能成为武器吗?
——"概念"很重要

世界追求的"日本式服务"究竟是什么?

我还在良品计划时,就经常到海外各地去考察。

走出国门之后,就能深切体会到日本的好。每当发生店铺漏水或照明故障等情况,在日本只要打个电话就马上有人过来维修,只需一两天就能重新使用了。可要是换成在拉丁语系国家,就算等上十天也不一定有人会来维修。无论打多少个电话,对方都会说"OK,马上就到",然后若无其事地放我们的鸽子。

在日本之外,德国人跟日本人同样勤奋守规矩,会迅速上门排除故障,并且德国的交通机构也会按照时刻表准确运行,非常值得信赖。

而在拉丁语系国家,飞机晚上两三个小时简直是家常便饭。我通常也会在安排行程时多算上三个小时左右的空余,但还是曾经因为飞机晚点而没有赶上下一趟航班。时间无法预测,真是让我伤透脑筋。在中国成都也曾发生过同样的事情,每次都会让我感受到海外与日本的差别。

相对地，来到日本的外国人都会为我们的服务质量感到惊讶。

看到百货商店店员包装商品的情形，他们会感叹"太厉害了"，在便利店拿到一次性筷子和湿毛巾的时候也会非常高兴。国外电车晚点一小时左右是家常便饭，日本却会严格按照时刻表运行，而且仅仅是迟到几分钟，就会说："电车晚点，非常抱歉。"还有，只要走进店铺里，就能听到自动发出的"欢迎光临"的声音。对日本人来说理所当然的事情，在外国人眼中却是新鲜的体验。

这样考虑下来，能够以"日本"为卖点的服务和商品应该还有很多吧。我不禁想，**出口"日本之好"也是一种商机**。

海外的MUJI也经常得到顾客们"店员非常亲切"的评价。

只是，无印良品无论在日本还是海外，店员都不会黏在顾客身边反复劝说"现在买这个很划算"。发现面露困惑的顾客，我们会主动走上前去招呼，但平常则会保持一定的距离感，这便是无印良品的待客风格。

海外的MUJI基本上也是一样的。我们对当地店员也进行了跟日本一样的接待培训，为了让店员理解无印良品的理念，还反复对他们进行了说明。

　　无论在哪个地区，刚刚开店的那段时间都很辛苦，就算教育员工要面带笑容对顾客说"欢迎光临"，他们也迟迟无法做到。还有时，由于我们对店员的指导不够彻底，他们全都面无表情地应付着工作。那样一来，果然就有当地顾客投诉："这样跟这里的其他店铺没有区别啊。"让我们感觉到，在海外，日本企业依旧被要求着日本式的服务。

　　说到底，MUJI并不是只卖商品的店铺，同时也在销售无印良品的精神，因此破坏店铺气氛的待客方法是万万不可的。虽然不会用指南手册将员工们束缚得死死的，我们还是会坚持不懈地进行教育，直到当地员工能够提供真正属于无印良品风格的服务。

"这样'就'好"——重视这种理念

贵公司的经营理念是什么呢?

恐怕很少人能在听到这个问题后马上回答出来吧。

所谓理念,就是贯穿经营整体的基本概念,可谓是构成一个组织之核心的想法。

MUJI在海外最受好评的是其"简约"。无论哪个国家都一样,不仅仅是商品,顾客们还经常说,连店铺装潢都十分简约。

剔除冗余的设计,实用的机能——这恐怕就是MUJI在世界范围内得到的评价吧。

无印良品拥有超过七千五百种商品。

从文具到饮料、咖喱这些食品,再到清洁工具等日用品,还有家居用品、家电,以及化妆品和时装,最大的商品甚至有住宅"无印良品之家"。恐怕再也找不到别的店铺销售如此范围全面的商品了吧,并且,每一件商品都贯彻了简约这一特质。

就算种类不同,无印良品的商品都一定带有"无印风格"。

公司内部的会议中也经常能听到"这很有无印风格""这一点都不无印"这样的对话。可是,那个"无印风格"到底是什么,要用言语来解释却实在很困难。就好像每一个员工隐隐约约意识到的无印良品风格松散地串联起来那种感觉吧。

这个"风格"的根基,便是理念。

无印良品自成立以来,自身的理念就非常清晰,无论在日本还是海外,我们的"风格"都得到了人们的接受,并深入人心。

孕育出这一理念的人,是赛松集团总帅堤清二先生和平面设计师田中一光先生。二人秉着抵制大量生产、大量消费社会的理念创建了无印良品。特别是堤先生,经常在公司内强调"无印良品是反体制的商品"。选取构成生活基本的真正必需的东西,重新评估其真正必要的形状和素材,削减生产过程中的冗余,让包装保持简朴,由此便孕育出了简约美丽的无印良品风格。

田中一光先生认为,"以经商贡献社会"是无印良品的经营目的,他的想法至今都未曾改变。不依靠品牌名(这里并不指品牌)和设计师名称诱导消费者的方针,商业化要素和冗余的排除,以及将个性交由使用者定义的大方向，这些都与创建之初毫无改变。

因此，无印良品并不是根据"畅销""赚钱"这些理念来开发商品的。仅仅是畅销的商品，不应该在无印良品制造。无论那种商品的设计多么完美，只要没有在无印良品销售的理由，我们就不会将它放到店中。

以前我们开发丹宁裤时，当时的社长金井政明对负责商品开发的人说："为什么无印良品要卖丹宁裤？如果仅仅是为了提升裤子销量，我们是不会卖的。我希望你能考虑考虑，无印良品出品的丹宁裤会给现在的社会带来什么样的结果。"结果就诞生了追求舒适性、选用立体剪裁、以有机棉制成的丹宁裤。

连一条丹宁裤我们都会如此要求。若理念不够清晰，无印良品就不会进行商品化。这便是保证无印良品风格遍及每一个角落的机制。

有段时期，海外的商品会在海外进行设计和销售。

可是那样一来，一些无印良品不用的颜色就被使用了，甚至有些用起来险象环生的野营用品也被做了出来。这样无疑有损无印风格，我们马上就制止了。现在基本上所有设计都是在日本完成的。

无印良品在设立之初曾经使用过"有理由，所以廉价"这一宣传语。

可是，像百元店和优衣库那样价格更加低廉的店铺渐渐铺开后，无印良品的个性就被埋没了。

于是，当我就任社长之后，就做出了**子理念必须与时俱进**的反思。"对社会的反思"这一核心理念和"以经商贡献社会""不做个性和流行商品"这些企业哲学部分并不改变，因为这是绝对不可改变的部分。在明确了不可改变的部分后，其余的子理念就可以与时俱进。

结果，宣传语就改成了"不要'这样才好'，只要'这样就好'"。"这样才"与"这样就"两者看起来似乎意义相同，但实际并非如此。"才"当中暗含着微妙的自我中心和不协调感，而"就"却显示出了内敛和让步的理性。此外，这个字眼说不定还能让人体会到某种近似于达观精神的东西。通过提升到"就"的层次,来激励自身制造能够让人心满意足地说出"这样就好"的商品。这也是新生的无印良品的课题。

理念同时也能成为企业的个性。

优衣库的品牌理念是"高品质基础款",大户屋则高举着"家庭料理代理业"这一理念。乐天更是拥有"时时改善,不断前进""贯彻Professionalism""速度!!速度!!速度!!"等五个理念。若没有这样的理念,就算走出国门也无法凸显自己的个性。

构成理念根基的哲学一旦决定就不能更改,但子理念却必须随着时代的变迁不断进化。只有这样,企业才能持续发展下去。

在考虑海外发展前,首先应该明确自己公司的理念究竟是什么。

销售的不是"商品"而是"生活方式"

如上所述，MUJI 在海外得到顾客接受的理由之一，便是对生活方式的倡导。我们卖的不仅仅是商品，而是在倡导使用简约的商品、尝试简约的生活这种生活方式。

那也就是说，我们在通过物品，提倡生活。

原本就不喜欢奢华生活的人最适合"这样就好"的生活方式，或许还会有人通过无印良品领会并喜欢上"这样就好"的生活方式。

再没有比能够影响生活方式的商品更"强大"的东西了。因为人的喜好可能会轻易改变，但思想和观念却是不会轻易产生变化的。或许正因为这样，无印良品的粉丝们才会一直使用我们的商品。

其他的品牌可能很难做到这个程度。"因为昂贵所以值得信赖""因为便宜所以质量低劣"，我想，他们可能会止步于用价格判断东西好坏的程度。也就是说，对人们的生活方式不会产生任何影响。

对无印良品的粉丝们来说，使用无印良品既是自我表达，同时也凸显了自身的原则吧。

只是，若当地文化没有成熟到一定程度，无印良品是无法被接受的。

即使在日本，无印良品刚刚成立时也只有在东京都中心地区能产品畅销。因为在中心地区畅销，后来便把店开到了地方上的购物中心，产品却滞销得令人咋舌——这样的时期确实存在过。

二十世纪九十年代初期，一些地方城市依旧以"到百货商场买大沙发大床"为主流，无印良品的简约对顾客们来说可能有点不太过瘾吧（不过到了现在，无印良品在地方上也很有人气了）。

在中国和其他经济新兴的国家，我们也走过了跟过去高度成长期的日本同样的道路。

以前的日本，大家都拥有"总有一天要开上皇冠车"这样的共同目标。而学生背着CHANEL或GUCCI的包上学，也是那个时代的反映。现在的中国，也流行购买昂贵的奢侈品、花大钱出国旅行。大家都想要一样的东西，想过上一样的生活。

那样的市场只要再成熟一些，人们的需求就会开始多样化和细化。到时候就会进入"以自己的价值观挑选想要的东西"的时代。日本也在泡沫经济崩溃时进入了那个阶段，从而诞生了各种各样的生活方式。所有人不再憧憬同一个目标，而是十个人就有十个目标。人们的需求开始细化，独特性开始受到重视了。

无印良品的商品也在那个阶段开始受到欢迎。

或许会有人想，既然如此，那干脆直接进入文化已经成熟的市场不是更安全吗？可是，如果老老实实地等到那个阶段到来再进入，就实在太晚了。**趁着人们愿意因为"日本制造，安全安心"而选择我们的阶段进入市场，待文化成熟后就能让顾客在更深层次上与我们产生共鸣。**为此，我们必须趁现在打好基础。

顺带一提，在欧洲这些成熟的国家里，今后可能不会出现像MUJI这般提倡生活方式的企业了。因为欧洲很早以前就开始在各个领域发展出了专门店，像百货店的这种什么都卖的业态已经很难立足了。MUJI的成功应该只是极为罕见的案例吧。

在已经成熟的国家和依旧在发展的国家都能被接受,这可能是 MUJI 的灵活性使然。

"为简而简的商品"无法决胜

我喜欢做料理,也喜欢享用美食,甚至在四年前凭着这个兴趣开了一家意大利餐馆。顺带一提,凡是居酒屋做出来的料理,我只要吃过一次,基本上就能自己做出来了。

我通过料理悟到了一个道理,那就是"西洋料理是基于加法的美学,而和式料理则是基于减法的美学"。

举个例子,法国是盛行肉食的国家。过去肉类的保存状态并不太好,但这也成了他们想方设法将其变成美味的出发点。或是用药草去除肉的腥臭,或是腌渍起来,或是浇上味道浓郁的酱汁,以这种做加法的方式来创作料理。连汤也会用大量肉和蔬菜来一起熬煮。

但是,和食重视食材本身的味道,倾向于"做减法",刺身只用酱油和芥末,想方设法尽量简单地去体会海鲜本身的美味。天妇罗只是把食材油炸了一下,煮物拼盘也是将每种菜品单独烹煮后盛在一个盘子里,高汤只会用昆布和鲣鱼等一两种食材来调出鲜味。

我认为，这种减法的美学构成了日本文化的根基。

日本传统的会客厅只会装饰插花和挂轴，将那种剔除了冗余的空间作为一种美去欣赏。而像欧洲古堡那种历史性建筑物，经常能看到挂满整面墙的大幅绘画，家具装潢无不极尽奢华，还要在上面摆放壶和花瓶来装饰，这对某些人来说，可能感觉有点不太清爽。

据说金阁寺的纸门木架，凡是朝外的部分都是向下的，这样做是为了避免灰尘堆积。这种对性能之美的追求，恐怕只有日本才存在吧。

日本的减法美学也被延伸到了禅和茶道当中。

无印良品也以禅和茶道精神作为自己的原点。堤清二先生和田中一光先生都受到了禅和茶道之价值观的影响。因此，无印良品才会秉承"制作唯物之物"这一理念，创造出了简约而朴素，同时重视性能的商品。

自创业之初便有的纯棉"水洗衬衫",不经染色,不经浆洗,不经熨烫,甚至没有包装。只要摘掉吊牌,就再也看不出是哪家的商品了。那样一来,就只能凭着穿着的舒适度和灵活度,吸湿性能、速干性能这些白衬衫最根本的价值来决胜负了。这便是我们这个品牌的原点。

MUJI 在海外经常得到"minimalism(极简主义)"的评价。

可是我认为,无印良品并不是极简主义,而应该称为以质朴为主旨的减法美学;并不是将过剩的东西控制在最小限度或全部消除,而是通过对自然素材和性能的追求达到质朴。也就是说,并不是为了简约而简约,而是以哲学理念为根基的简约。

海外也有不少简约的商品。

只是,人们对单纯追求简约而没有哲学理念基础的枯燥商品已经不再关心了。

MUJI 之所以被选择,可能正是因为"并非单纯的简约"吧。

特别是在欧洲,有许多人在 MUJI 中感受到了禅和茶道的精神。在美术领域，日本的浮世绘和工艺品也曾掀起过日本主义的风潮，因此可以推想，欧洲原本就具有接纳和欣赏日本文化的空间。

并且在欧洲，曾有过包豪斯运动。那是由创建于工业化和大量生产化最发达的时期的学校（包豪斯）发起的运动。对于艺术成为工业的一部分感到了危机的艺术家和建筑家们聚集起来，以复活手工艺为目的创建了这个学校。尽管那所学校仅存在了十四年，但直至今日包豪斯风格还在影响着众多艺术家。

包豪斯的思想在很多方面与无印良品的理念存在共通之处，或许这正是欧洲接受 MUJI 的原始基础。顺带一提，MUJI 也将二十世纪二十年代诞生于包豪斯的不锈钢管椅子改造成了适应现代生活的设计，并作为商品放在店中销售。

拥有与无印良品理念共通的思想的，不仅仅是欧洲。走到中国等亚洲国家，也能发现在漫长的历史中经过不断历炼，最终化身为简约造型的椅子、壁橱等物品。

也就是说，无论哪个国家，都多多少少存在着与无印良品理念相通的精神。即使那不会成为某个国家最主流的思考方式，在

二〇五年作为企业广告拍摄的慈照寺东求堂"同人斋"及白瓷茶碗

今后也一定会占有一定的地位。

MUJI 之所以能够一直适应全球市场，是因为拥有共通价值观的人们所抱持的哲学理念，就融入在我们的品牌中。那些人们会用感性来理解我们的品牌，并在生活中选择使用 MUJI 的商品。

MUJI 定下的顾客群就是那样的人们。也就是说，**我们不会扩大目标，而是限定目标。**

经常有人会想，要让商品和店铺人气旺盛，就要尽量扩大目标，让更多的人来使用才好。确实，那种做法能够在一定时期内增加销量，可是每年都有许多商品在风行一段时间后就默默消失了。

要创造人们长期钟爱的商品和店铺，还是限定目标更好。既可以在年龄层上进行限定，也可以像 MUJI 这样利用理念来进行限定。

"香薰"为何人气如此旺盛?

在海外打听对 MUJI 的评价,无论哪个国家都有许多客人说"'Made in Japan'的商品果然很棒"。

不仅仅是亚洲地区,连欧洲和美国,甚至加拿大都有不少人抱有"既然是日本制造,那品质一定很好"的想法。

在中国 MUJI,顾客们都会一边查看生产地一边购物,可能也是因为"日本制造,安全安心"这个印象。不过 MUJI 有许多商品都是中国生产的,因此又会有许多人看到"Made in China(中国制造)"的标识而心生犹豫。尽管如此,最近还是有越来越多人给予了 MUJI 认同,觉得同样是中国制造,MUJI 的产品管理更加完善,品质也很稳定,是良心产品。

最近 Facebook 上有一条人气很高的发言,说的是一个外国人在院子里找到了二十年前丢失的卡西欧手表。尽管经历了二十年的风吹雨打,手表依旧在走动。不仅如此,上面显示的时间仅仅慢了七分钟。全世界的人看到那条消息,纷纷回复说:"日本制造的东西都很棒。""我也有个卡西欧,那简直是全世界最棒的手表。""我这个卡西欧闹钟用了三十年,直到现在声音还特别响亮。"

此外,冈山的丹宁布也在世界范围内评价都非常高,丹宁面料厂商 KUROKI 是 CHANEL、LOUIS VUITTON、GUCCI 以及 PRADA 等众多欧美一线品牌的供应商。世界各国至今仍对 "Made in Japan" 给予了莫大的信赖。

无印良品的大人气香薰产品,在海外也非常受欢迎。

原本香薰就是起源于欧美的产品,在海外也有很多卖家,但人们就是更愿意选择 MUJI 的商品。

其理由就在于,好用。

外国的香薰经常会有发不出香气的情况,也总是出现故障。

世界上几乎再没有像 MUJI 的香薰这样价格不高不低,香气种类齐全,不会出现大毛病,能够一直使用的商品。所以我们的产品即使在海外依旧人气很高。

在法国 MUJI,像荻烧、伊贺烧、榻榻米制品这种日本特色产品很有人气。此外,南部铁器也是在海外最为畅销的日本制品。南部铁器在日本就很昂贵,到了海外价格必然更贵,可因为只需要买一次就能用上一辈子,大家都会高高兴兴地来购买。而且根据地域不同,还会出现与日本截然不同的用法,例如用来泡红茶。

也就是说,有时仅仅是"Made in Japan"就能与别的商品拉开差距了。这对日本人来说,难道不是最大的优势吗?前人在家电和汽车等领域向世界证明了日本制品的性能和品质,而那个观念本身就让现在的日本人站到了一个有利的立场上。

提供不折损"Made in Japan"信誉的商品,应该也是在海外制胜的方法之一。

"日本人的协调性"也能成为力量!

过去我去巡视海外 MUJI 的现场时,深切体会到了当地店员与日本店员截然不同的特性。服装卖场一片凌乱,命令店员去叠好他们也毫无反应,这是经常会出现的情况。如果是日本店员,马上就会上去叠整齐,可是当地店员却会产生一种抗拒心理,觉得"为什么非要我去干那种事啊"。

例如法国,就算 MUJI 分公司的社长亲自到现场去说:"这是社长命令,去给我叠好。"也会被店员当场反驳:"我又没见过你(凭什么要听你的话)。"所以,刚开始那段时间可谓是相当辛苦。

被派遣到当地的员工,面对当地人与日本人的差异,依旧在恶战苦斗中想方设法要让无印良品风格的工作方法保持下来。

每次走出国门,我都会强烈感觉到,勤勉认真老实的性格其实是日本人的长处之一。

日本人协调性高,团队合作力好。在日本,持续了一百年以上的"长寿企业"有两万六千一百四十四家,这可是世界第一的数量。同时,这可能也是重视协调性的成果。

举个例子,近江商人讲究一种"三方共赢"的精神。

那是从江户时代到明治时代,在全国做行脚商人的近江商人独到的心得,也就是所谓的"卖方得益,买方得益,世间得益"这三个"得益"。并非只讲究卖方赚到钱的"一方得益",而是也要让买方感到满足,同时还能够为社会做出贡献,这样才算做好了生意,这便是日本买卖人自古以来的想法。同时,我们也形成了能够让那种想法得到很好发挥的民族性格。

为交易对方考虑,为顾客满足考虑,为员工福祉考虑,为地域发展考虑。若不重视这样的协调性,要想办成超过一百年的老字号企业是非常困难的。

商业之神松下幸之助曾留下一句名言:"企业是社会的公器,必须与社会共同发展。只求自己公司繁荣,就算一段时期能够如愿,也无法长久持续下去。"这句话充分体现了企业与社会共存共兴的重要性。能够在共存共兴环境下保证企业发展,这恐怕只有日本企业做得最好了。

另一方面,我们的邻国韩国却没有一家持续百年以上的企业。

韩国人给人一种强烈的感觉,仿佛他们更重视"先把我们自己做大做强"的想法。在那样的国家,企业可以拥有像三星的前会长李健熙这样的人物——从美国研究生院取得MBA学位,引进欧美风格的成果主义,大量吸收外国员工进行大胆改革,从而实现飞跃式的企业成长。可是,那样是否能持续五十年甚至一百年?我认为比较困难。

不仅仅是韩国,在欧美各国这些个人主义盛行的地方也存在这样的倾向。

而且在欧美,管理者对自己的企业似乎都没什么坚守精神,通常做到一定规模后就会转手卖掉,即使是创业者,也会选择提前退休,把公司迅速交给新的管理人员,自己则去过优哉游哉的生活。而且他们还很少把公司交给自己的家人,而是从其他企业挖来优秀人才任命为社长。他们虽然有兴趣把企业做大做强,但似乎并没有令其长寿的意识。

日本之所以有许多同族经营的企业，可能就是出于让企业长期存续的考虑吧。同族经营固然存在许多弊端，但在让公司存续方面，确实非常有效。

我被邀请开办演讲会时，只要是以日本人为对象的演讲会，在问答阶段通常只会有三个人举手。

如果是海外的演讲会，大家都会争先恐后地举手。因为日本以外的国家都是多劳多得，属于若不自己主动强调存在感，就无法得到好评的文化。因此无论在什么场合，人们都会争先恐后地举手发言。

一开始我也会发出"他们好积极啊"的感慨，但后来渐渐发现，有的人话是很多，但不一定有内容。甚至很多时候，还不及日本人那种在最后发表的三言两语的见解有效。

在海外经商，经常会觉得受到了自我主张欲旺盛的外国人的压制，但我认为，其实没必要在这点上向他们看齐。重要的是，在不明白对方说的话，或者无法接受的时候，不要含糊其辞。一定要让对方解释到自己清楚为止，跟对方商量到自己能够接受为止，这种姿态是非常重要的。

　　日本人只要依靠协调性和诚实性这些日本人的优点决胜就好。在海外，表现出强烈的个性或许更容易做生意，可日本人独特的个性一旦遭到埋没，不就丧失了作为一个日本人决胜负的意义了吗？我认为，"模仿欧美人"的，并不一定能称为"全球化人才"。

Chapter Four

"商品被追捧的方式"在海外是不一样的
——应重视"发现"多于"制造"

"能够代替任何东西"的商品力

以前,我曾经光顾过日本领先的米其林二星法餐厅。

因为设计成开放厨房,可以在餐桌上看到厨房内部,那时我突然发现,里面放着一个很眼熟的盒子。

那竟是无印良品的PP药盒。那个药盒可以分成七块,每一块都能独立使用,也能将七块拼起来使用。而我当时看到的那个药盒,被用作了咖喱粉等香辛料的收纳盒。

"这个用法真妙啊。"我忍不住感慨道。

当初开发那个药盒时,想的是方便顾客携带营养剂和药物,没想到富有想象力的大厨,竟发现了令人意外的使用方法。

无印良品的商品正因为其简约,才拥有了"能够替代任何东西"的特征。使用商品的人能够自由地思考使用方法,换句话说,就是具有高度的随意性。

例如到了欧洲,会发现那里有各种各样的葡萄酒杯。红葡萄酒用的、白葡萄酒用的、香槟用的,不仅如此,还有饮用波尔多葡萄酒专用的酒杯、勃艮第和霞多丽专用的酒杯等等，划分得非常细致。过去人们用的都是同样形状的葡萄酒杯，但随着文化的成熟，酒杯的种类也随着人们的需求而细化了。

与此相对，无印良品只有传统的、非常简单的酒杯。其中并没有圆点或花纹装饰这样的"加法"要素，除了少部分蓝色或茶色的杯子，基本上都是无色。

那种简约的杯子在海外会被当成花瓶使用，或是放入装饰品用来装点家居环境，或是当成口红和彩妆用品的笔筒，总之被人们开发出了各种独特的用途。

也可以说，一种设计对应了多样化的价值观。面对细分化的需求，我们并没有选择开发多种商品，而是创造出了能够包容各种需求的设计。这其中也包含了公司成立之初"尊重每个人的个性，剔除广告因素和冗余，把商品个性交由使用者来定义"的考量。把商品个性交由使用者来定义，这句话也可以理解为进行以消费者为主体的设计。制作方并不给出"这个要这样用"的限制，而是给消费者自由考虑的余地。

目前世界上存在着"细分化"的潮流，而无印良品则与其正相反，主张包容成熟的需求——这一点也能与"无印良品风格"挂上钩。

以前我们曾在京都慈照寺东求堂"同仁斋"、大德寺玉林院"霞床席"和武者小路千家"官休庵"等和室或茶室里摆放无印良品的器皿拍摄写真（参见第三章照片）。或许因为无印良品的器皿简约的同时又无比丰盈，即使是在那些地方也能毫不违和地融入其中。

千利休根据自己独特的美学意识，将那些并非作为器皿被制作出来的东西"看作"器皿来使用。比如将盛水的葫芦用来插花，将打井水的木桶做成茶道具的水壶。

无印良品的商品也以根据这个"看作"发挥出无限的可能性为目标。日本家庭不仅仅吃日式饭菜，还会吃西式和中式等各种各样的料理。因而在器皿方面，适合任何料理的、具有随意性的设计，便是无印良品的器皿特征。

无印良品的顾问之一、平面设计师原研哉先生以前在演讲中，曾经就无印良品说过这么一番话：

　　"无印良品这一制品的美学意识背景中蕴含的就是'空'的概念，它与西方的'简'并不相同。而这个与西方不同的美学意识，如今得到了全世界的期待。亚洲市场虽然正活跃，但全世界人都开始意识到过剩消费并不一定意味着幸福。这并不是仅凭'简'就能产生的想法。换句话说，这是因为以质朴凌驾奢华这种思考方式确实有益处，并且处在都市生活中的人们也都赞同这个想法。MUJI在世界上如此有人气，如此受到关注，原因也在于此。"

　　正如这番话所说，空，**能够代替任何事物。**

　　佛教中有句话叫"色即是空"。"世间万物皆有形，形为假借，本质实为空，而非不变。"这种思想或许与无印良品也是相通的。

　　无论在什么地方，都能让所有人根据自己的想法对商品进行使用，我认为，这才是无印良品在世界各地都能得到接受的原因所在。

收纳盒，棉花糖……"出人意料的人气商品"的秘密

无印良品不会为不同地区制作不同商品，但会根据地域改变"上架商品"的种类。

欧洲较为畅销的是家具和 PP 收纳盒，亚洲则是健康 & 美容产品、文具、服装更受欢迎，其中，中国台湾和中国香港的顾客更喜欢购买食品食材。

每个地区畅销的商品不一样，可能是因为每个地区的成熟度不尽相同吧。

上文说到，在"食"这方面，各地都较为保守，如今在欧美，我们基本上不销售食材。刚刚进入英国和法国时，我们也跟日本店铺一样上架了酱油和味噌等商品，但因为不太畅销，后来即使日本料理风行世界，我们也没再上架过食材。

居住在那些国家的日本人也经常会向我们提出"在店里销售食材吧"的要求，但仅仅面向日本人销售的酱油和味噌等商品，今后恐怕也不会上架吧。通胀时期，开到海外的日本百货店都以

日本的游客为主要目标，但在泡沫经济崩溃后，也出现了陷入悲惨状况不得不撤出的案例。若不能让店铺得到当地人的认可，就无法在海外长期生存下去。

另一方面，我们在亚洲却上架了食材。但是，在日本很受欢迎的咖喱和意面酱等半成品食材几乎卖不出去，因为当地人没有"使用半成品食材"的习惯。当地便利店最为畅销的咖喱饭也都是已经把咖喱浇在米饭上的状态。那些地方并不存在购买半成品食材，回家煮一锅饭浇上去的习惯。

泰国的MUJI店铺也曾尝试过让顾客试吃咖喱和意面酱。那种一步一个脚印的努力或许有一天能够结出果实，但首先需要让那个国家的生活方式变得能够接受半成品食材，而这种改变不是那么简单就能制造出来的。

那么，MUJI在海外都有什么商品大受好评呢？我在这里稍微介绍一下吧。

在欧洲，有一种出人意料的人气商品，那就是PP保鲜膜收纳盒。

能够收纳食品包装用保鲜膜的简约的 PP 保鲜膜收纳盒上，还附有不锈钢刃，里面的保鲜膜是可替换的。在欧洲，这类厨房耗材的品质多数都很低劣，不是保鲜膜的贴合度不够，就是切割很不方便。

MUJI 的保鲜膜收纳盒切割简便，而里面的保鲜膜本身也是日本制造，能够紧密贴合餐具。

我们在法国进行现场演示时，好评就通过顾客们传开了。

使用过这个商品的人都赞不绝口，甚至还会大量采购作为圣诞礼物送出去。欧洲人习惯在圣诞节向亲朋好友赠送一些小礼物，而不是像日本人这样互相赠送高价礼物。

这在一开始完全出乎我们意料，导致当地员工不得不慌忙发出追加订单。而那些收到礼物的人们想必又会在下一个圣诞节选择这个礼物送出去吧。到现在，只要一进入圣诞季，这个商品就会卖得飞快。

由于欧洲人的环保意识很强，他们早就普及了不丢弃收纳盒，只替换其中商品的做法。从这样的环保方面来看，无印良品的保鲜膜收纳盒也能称得上合格商品了。

MUJI 在每个国家都有一些意外受欢迎的商品,因此不真正到海外走走,还真是什么都不知道。

"出乎意料的人气商品"还不止这个。

在巴黎,触摸屏可用的手套在全法国十一家店铺中销售量第一。

进入深冬,法国的气温会下降到接近零度,因此手套成了必备物品。而法国的智能手机普及率比日本要高出一倍,顾客们自然会很喜欢这款手套。

刚在美国纽约(曼哈顿)开店时,我们还担心日本的小尺寸家具和餐具会卖不出去,可真正开张后,我们却惊讶地发现,比单人床还小的带脚床垫竟非常畅销。因为曼哈顿与郊区不一样,有很多小面积公寓,因此顾客们也更为青睐小而紧凑的家具。

在亚洲地区,点心类商品很受欢迎。

柚子和金橘的糖果在中国香港一直保持着销量第一的成绩。

原本在当地并没有柚子味和金橘味的糖果，因此顾客们一开始会出于新鲜感而选购，其后，这些糖果"很好吃"的评价便渐渐传开了。

让人意外的是，袋装糖果也很受欢迎。棉花糖在海外也能买到，却不能像日本这样随时随地都能轻松享用。夜市上卖的棉花糖只要放一晚上就会缩成皱巴巴的一团。而无印良品却把松松软软的棉花糖装在袋子里销售，这种"随时都能买到"的好处在海外似乎受到了广大好评。

关于我们的棉花糖还有一件轶事。号称全球最难预订的餐厅——巴塞罗那的 El Bulli（斗牛犬餐厅）曾专门向我们订购了三百个棉花糖，理由是"想在料理中使用"。或许是单纯为制作棉花糖而特意准备机器实在过于麻烦，所以他们才看中了随时能从包装袋里拿出来使用的 MUJI 棉花糖。

而关于"意外"，还有这么一个故事。

那是二〇〇三年前后，我与无印良品的骨干、室内设计师杉

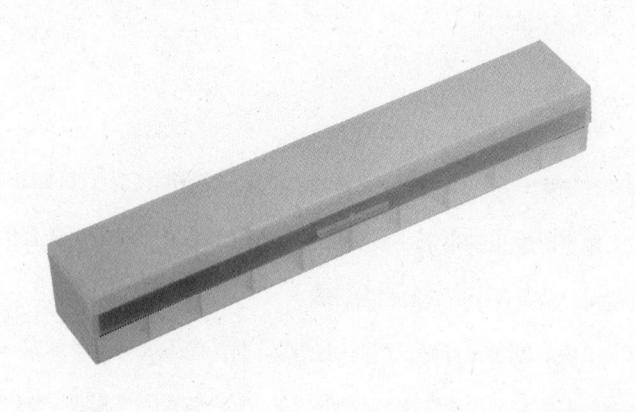

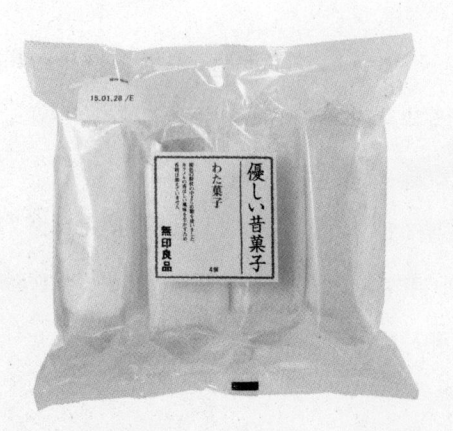

在欧洲广受欢迎的保鲜膜收纳盒（上）和获得一流餐厅订单的棉花糖（下）

本贵志先生一同造访意大利设计师皮埃尔·里梭尼（Piero Lissoni）的工作室时发生的事情。杉本先生自无印良品创业以来便一直担任顾问，负责各个店铺的室内装修。

里梭尼既是设计师，同时也是建筑家，他不仅会设计沙发、桌子、床等家具和置物架等收纳用品，还从事酒店等商业设施的空间规划。

与里梭尼一番交谈过后，他高兴地从口袋和抽屉里拿出了名片盒与药盒等物品。那些都是无印良品的制品。他说："这是以前去日本时看到，非常喜欢才买下来的。"

得知世界知名设计师都喜欢使用我们的商品，惊讶之余我们也异常感动。原来，无印良品具有让活跃在世界最前端的设计师从感性上认可的力量。

"白色"也有很多种类

制作简约的商品,乍一想似乎挺简单,但实际上那是非常困难、博大精深的工作。田中一光先生曾经说过,追求剔除了设计感的设计,就是终极的设计。

在料理方面,米饭和烤鱼这些乍一看很简单,味道却无法敷衍的料理,才更能如实地体现出烹饪者的手艺。如果只是随便把鱼烤一烤,必然无法调出鱼本身的鲜美味道。必须选择新鲜的鱼,通过适宜的火候和适量的盐调味,才能做出最为考究的味道。

简约的商品也一样。虽然要讲究不使用夸张的色彩,让商品尽量回归简约,却又不意味着只使用白色和黑色就好。

必须从种类丰富的"白"和数不胜数的"黑"中,选择充盈的白和丰饶的黑进行巧妙运用。若不如此,就无法超越枯燥乏味的简单,实现丰盈充实的简约。

举个例子,一般笔记本的纸很白,那是因为经过了漂白。只是,那种"白"并不符合无印良品的哲学。漂白虽然能让白色明亮起来,却始终摆脱不了那种贫乏而没有品位的感觉。

无印良品的笔记本没有漂白过程,原材料呈现一种略显茶色的天然色泽。这就孕育出了自然而富有品位的白。

我们不会不经思考地使用白色。一般在表现白色的时候,会以稀薄度为指标,而**无印良品则会用它来决定"从这个阶段到这个阶段的白"这种白色的范围**。换句话说,我们摒弃了漂白的白,而追求自然生成的白。若产品样品中出现了稀薄度高的白色,员工们都会感到非常奇怪,而且早在试做的阶段,那种白色便会被刷下来。

如果我们采用了制造商建议的稀薄度高的白色笔记用纸,那做出来的就是普通的笔记本。如果把那东西放在无印良品销售,想必就无法保住品牌了。关于"黑"也一样。单纯的纯黑色跟丰饶的黑色是不同的。我们是在追求拥有无印良品风格的白色和拥有无印良品风格的黑色这一基础上使用这些颜色的。

穿着和服时搭配的足袋,也有人认为漂成纯白色不太好。漂出来的白色是一种肤浅的白。如果穿着那种足袋表演日本舞蹈,略微露出足袋底部的那一刻，便会让人感到某种浅薄。

此外，根据制作羽织袴裤和黑留袖的匠人们的说法，一般服装使用的黑色"不能叫作黑色"。羽织袴裤使用的是无论在阳光下还是阴暗场所看起来都一样美丽的深邃浓郁的黑。制作那些服饰的匠人们看到市场上贩卖的黑色牛仔裤，就会感到色彩略淡、有所欠缺。

不管怎么说，无论是白色还是黑色，都有各种各样的类型。

日本自古以来就为颜色赋予了多样的意义。传统颜色中，仅仅是红色便有赤红、胭脂、小豆色、桃色、樱色等几十种分类。十二单衣通过各种颜色重叠的色阶来表现其美感。日本四季分明，也拥有用颜色来表现四季迁移的文化。在常年炎热或四季多雨的国家，是很难培养起那种感觉的。

这种美感在欧美得到推崇已久，或许因为这是欧美人想学都学不来的东西吧。而无印良品的商品能让那里的顾客从中获取这样的美感，所以才会在海外也拥有如此多的粉丝。

为了达到丰盈的简约，无印良品耗费了大量时间探讨"该如何表现无印良品的哲学"这一议题,并将其融入每一件商品中。"这就是无印良品"并没有既定的标准答案,因此所有人都在烦恼和思索中寻找着前进方向。

无印良品一直在磨炼的"发现力"

我们在谈论无印良品的历史时,必然会提到初期大受欢迎的商品——"碎香菇"。

当时,西友在销售形状完美的干香菇。西友生活研究所经过调查,发现日本家庭几乎都会用香菇来制作高汤。后来便有人提出,既然是用来制作高汤的材料,形状并不需要太完美。

此外,他们又到香菇产地察看,发现选择形状完美的干香菇非常耗费时间,碎掉或形状不好的香菇又不能作为商品销售,只能留作自用或干脆扔掉。

于是,他们便把碎掉或外形不好的香菇包装起来,起了个"碎香菇"的品名,以通常价格的七折左右出售。包装上还写着"大小各异,也有破损,但风味依旧"的降价理由,使得那种商品获得了极大人气。

而这一商品颠覆了"干香菇很贵"的常识,最后还导致碎香菇库存被一扫而空,甚至闹出了不得不把好香菇掰碎来卖的轶事。

如此这般，在无印良品刚刚诞生时，就存在着**比起"制造"更注重"发现"**的想法了。我们一直在遵循的路线，就是从日本的传统良品或者日常生活经常使用的物品中发现好东西，融入无印良品的概念后进行商品化。

如今已经有很多厂商在销售"酒店规格的浴巾和床单"，这些产品早已变得不再稀奇了。可是，在无印良品刚开始销售它们时，世界上还不存在那样的创意。

在探讨该用什么材料制作浴巾和床单时，我们发现酒店用的床单和浴巾质量最为优秀，样式最为经典。就算洗上几十几百次，也能让客人们用得满意。于是我们想：那不正是最实用的质量吗？紧接着我们就着手开发酒店规格的浴巾和床单了。

寻找渗透人们生活，拥有一定好评，能够长期使用的物品，对其进行无印良品风格的改造，这是从一开始便已存在的做法。

又比如厨房用的深锅和平底锅，被设计成了"河童桥式样"。

在东京河童桥的器具一条街上，有许多专门为职业料理人设计的商品，可是，为职业人士设计的深锅和平底锅大多数都没有锅柄。因为木质或树脂材料的锅柄会最先老化，所以和食料理人等职业人士在烹饪时都会用钳子一样的东西夹在没有锅柄的深锅和平底锅上使用。

于是无印良品也摒弃了容易老化损坏的部分，制作出没有锅柄的深锅和平底锅。这就是我们寻找简约而机能性十足的商品，在其中融入无印良品风格的体现。

不仅如此。使用再生纸来制作便签和笔记本的厂商，无印良品应该也是世界首家。当时有人认为再生纸颜色难看，但我们却考虑到既然多是小孩子练习用，颜色稍微难看一点也没什么不好。

我们不仅仅在日本的生活中"发现"好东西，还建立起了在世界范围内寻找好东西，并融入无印良品风格的机制。

一九八四年销售的"原色"毛衣，收集了中国的开司米羊绒和驼毛、南美秘鲁的羊驼毛、土耳其的安哥拉兔毛、英国传统的设得兰羊毛和品种古老的雅各布羊毛等世界各地的优质原毛，采用能够凸显各种原毛特色的方法进行了编织。

正如"原色"这一名称,毛线未经染色,而是利用其本身颜色制成了商品。使用了羊驼毛的服装最近倒是能看见,不过在当时的日本恐怕还没有吧。

每个国家必定都有适应了当地气候与风土,深深扎根于文化之中的好东西,发现那样的东西,吸收到无印良品之中,这便是我们一直以来所坚持的商品开发原则。商品开发的队伍走遍了世界各地,寻觅着能让人由衷感叹"这个真好"的物品。

并非"制造",而是"发现"——FOUND MUJI

我们也存在着一段"发现力"衰退的时期。

在世界各地寻找好东西,这样的活动会耗费时间和成本。于是,我们改为委托商社的人帮我们寻找商品。因为商社中存在着各种各样的采购调配部门,拥有大量的信息和广阔的网络。

可是,商社的员工里既有能够很好理解无印良品哲学的人,也有并不理解这些的人。结果就是寻觅来的东西龙蛇混杂,从中筛选的时候,便不小心混入了以前从未使用过的颜色和设计,失去了无印良品的特色。

此外,商社不仅为无印良品,还在为其他公司提供制品。因此,无印良品里面也开始出现"随处可见的素材制作的商品"了。

由于不再是自己亲自去发现,而是委托商社,便得到了随便什么人都能采购到的普遍商品。这样即便是遵循无印良品的原则进行改造,也跟我们一直以来的商品出现了很大的不同。如此下去,我们自然会丧失与那些以"大量贩卖"为目标的厂商的不同之处。

无印良品的顾客感觉都十分敏锐，他们纷纷认为"最近的无印良品变得有些肤浅"，开始慢慢离去。这是二〇〇〇年前后发生的事情，也是我们陷入赤字危机的原因之一。

在我就任社长时进行过分析，无印良品的没落原因在于"懈怠了对品牌的塑造"。因此，必须想办法找回无印良品的风格。于是，在二〇〇三年就诞生了"FOUND MUJI"和"WORLD MUJI"。

FOUND MUJI 的理念是："发现扎根在世界生活文化和历史中的良品，从全世界的优良日用品中汲取精髓，通过无印良品进行过滤，制作成商品。"简单来说便是比起"制造"更重视"发现"的无印良品。

这原本就是无印良品一直在坚持的理念，但我们认为，必须将其进一步精炼，使其保持在时代的前端。若非如此，就会落后于世界的需求，即便拿到海外去，也会变成毫无竞争力的商品。

于是我们便开始深入世界各个角落，让员工们去寻找人们生活中的传统良品。

那双"直角袜"是这样诞生的!

只要是在某个国家和地区被人们长期制作和使用的东西,就拿到全世界任何一个角落都能得到接受。而发现那样的东西,便是 FOUND MUJI 的使命。

例如,我们在越南的农村见到有人头戴名叫斗笠的三角草帽,穿着用树皮和草叶染色的农服。将那些农服经过历史洗练的设计稍加改进,就成了 FOUND MUJI 的新生商品。

在看见中国家庭以前使用的条凳时,负责人的第六感也发出了"这不就是 FOUND MUJI 的感觉吗"的信号。那种条凳看似普通,其中却隐藏着"可以代替任何东西"的可能性。

于是,我们将原本用杂木拼接而成的条凳改成直接用原木整体切割以提高强度,作为 FOUND MUJI 的商品进行了改良。这种长凳可以放在餐桌旁,也可以放在庭院里,甚至能用来放置小物品作为室内软装使用。

中国有一种传承千年的景德镇瓷器,以红蓝为主色,描绘着

中国的传统条凳（上）和融入无印良品风格的改良商品（下）

龙与花等优美图案，但无印良品却不需要那些。舍去那些图案，只保留朴素而深沉的白瓷，就成了融入无印良品风格的商品。

存放咖喱的不锈钢壶是负责人在印度五金街一个角落一个角落地走了一圈后搜罗到的产品。那是一种口缘稍微外翻，壶身圆润的独特设计。据说那就是印度壶特有的轮廓。

如果放在日本，人们可能会想加上把手方便拿取吧。因为如果把刚做好的食物放进去，就会烫得拿不住。可是实际上，印度人就能够轻而易举地捧着装了热腾腾的咖喱的壶到处走。

为什么能做到那样呢？是因为那种壶里面是两层的。两层间空洞的部分含有空气，就成了不会将热量直接传导到壶外侧的设计。

因为这个壶完成度非常高，我们尝试了许多改良设计，但最后得出了无论如何都无法超过原始设计的结论，于是就决定直接沿用了。当然，这个壶还可以装咖喱以外的其他食物，也可以盛上水，让几朵花漂在上面作为室内软装使用，似乎还有人用它来放饰品。

像这样在世界各地寻觅好东西的过程中诞生出来的，还有我们的大热商品"舒适直角袜"。

事情始于一位捷克友人的消息："邻居家老奶奶给我织了一双直角的袜子，太好穿了！"

市面销售的袜子踵部角度都是一百二十度。据说这是因为机械量产的袜子角度只能做成一百二十度，以及那个角度能够保证袜子折叠后形状规整。

收到消息后，我们到捷克实地采购了一些袜子，发现踵部确实都是九十度的。而且，穿上那些与人类踵部角度相同的袜子会非常贴合，感觉十分舒服。

可是，我们让袜子厂商的人看过那些袜子，他们却不知道该怎么做。后来我们就把织袜子那位老奶奶的女儿请到了日本，向我们传授编织方法。然后，我们根据学到的方法去开发编织机器和素材，这才总算诞生出了 FOUND MUJI 风格的袜子。顺带一提，这个商品从二〇〇六年到二〇一四年累计卖出了四千五百万双，是无印良品的长青商品。

晾晒衣物用的半圆形晒衣架也是在法国跳蚤市场发现后带回来进行改良开发的商品。

其实，几乎所有发达国家都没有把衣服放到户外晾晒的习惯。基本上洗好的衣服会先放进烘干机里烘干到一定程度，再放在室内阴干。特别在欧美，人们普遍认为在户外晾衣是低收入人群才会干的事。似乎还有一些地区以破坏景观导致不动产价值下降为理由，禁止人们在户外晾晒衣物。确实，我们在美国的影视作品中也能看到，高级街区的住宅就算庭院很大，里面也不会有晾衣服的竹竿子。

出于这些原因，为了方便将衣物挂在室内墙壁上晾干，海外的晒衣架都是半圆形的。毕竟做成完整的圆形就无法贴合墙体了。

而在日本，也有许多人会把内衣裤放在室内晾干，梅雨季节和冬季，大多数家庭都会选择室内晾衣。因此，那种东西在日本应该也是有需求的。

于是，我们就选择了不会生锈、方便回收利用的铝制材料进行开发。此外，晒衣架上的夹子都是聚碳酸酯制成的，因为无印

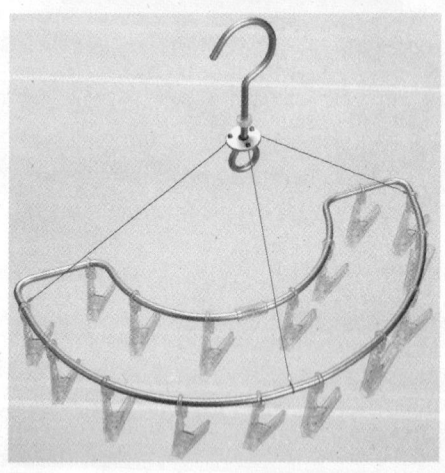

根据捷克的袜子改良的"直角袜"（上）和在法国跳蚤市场发现后开发出来的"墙面用晒衣架"（下）

良品不会使用夸张的颜色，就只能做成乳白或透明的了。老实说，这也是开发的瓶颈之一。

一般晒衣架的夹子都会做成黑色、红色和绿色这几种颜色。这是因为上色用的颜料可以反射紫外线，让夹子不容易因日晒而老化。反之，如果不上色就容易受到紫外线侵害，变得很容易老化。尽管如此，作为无印良品的商品，我们还是不能使用鲜艳的颜色。于是我们就把夹子做成了可拆卸式，这样一来，就算夹子老化，顾客也能购买新夹子换上去。

这样开发出来的商品，不仅在日本备受欢迎，到了海外也很有人气。

由此可以看出，在海外得到人们长期使用的物品，都具有一定的"缘由"和"为人们所喜爱的力量"。要如何发现那些东西，再进行改良，就成了使无印良品在海外保有竞争力的大命题。

现在的 FOUND MUJI 和诞生初期的 FOUND MUJI 实质已不同。从前那种所有厂商都能模仿的 FOUND MUJI 商品，如今已经被时代淘汰了。由此可见，提升"发现力"，最关键是看能够"深入"到什么程度。

越是仔细深入各地寻找，商品总体的等级就会越高。而那些商品也会被全世界的顾客所接受，应该说，是不由自主地接受。

正在进行类似活动的企业中，比较有名的应该算是麒麟的"来自世界厨房"系列。他们也是去寻找各国家庭自己制作的饮料，再进行具有麒麟风格的改良。

此外，FOUND MUJI 也在重新审视日本国内传统工艺品的优点。

青山分店不仅集中了从世界各地搜罗来的生活用品，同时也在销售日本传统工艺品等商品。那是一间在无印良品中也属另类、被许多手工制品狂热爱好者所青睐的店铺，请各位读者有机会一定要去看看。

孕育了世界最前沿的设计——WORLD MUJI

WORLD MUJI是对"无印良品如果诞生在海外会是什么样子"这一疑问的回答，是一个邀请世界知名设计师开发商品的项目。

意大利、英国、德国等地一些与无印良品的思考方式产生共鸣的一流设计师会"匿名"进行商品开发。

为了让那些在生活中被人们长期使用的东西变得更加方便、更加丰富，我们借来了世界知名设计师的力量。这样说不定就能做出超越那些东西本身的商品，这便是WORLD MUJI成立的目标。

即使是同样的商品，一旦公开设计师名字，就会卖到三四万日元。而在无印良品，只要不公开姓名，就能以三千到四千日元左右的价格进行销售了。WORLD MUJI 的商品就是让人在看不到设计师名称的情况下，单纯感觉"这个好像很好呢"，然后买回去。

在开展这项工作以前，我们也请过永泽阳一和加贺谷优这样的一流设计师来为我们设计产品，那时候同样没有公开他们的名字。

不公开制作者姓名,这便是"无印"之印。这是在邀请世界知名设计师参与工作的 WORLD MUJI 也丝毫不会改变的重要原则。

现在,无印良品的顾问之一深泽直人先生所设计的壁挂 CD 播放器成了受到全世界好评的大热商品。这是通过对人类"看到眼前有根绳子,就忍不住想拉一下"的本能进行观察后诞生的商品。

这个 CD 播放器同时也是无印良品将自己的造物转向"追求设计本质"这一方向的契机。所谓追求设计的本质,也可以称之为对"探寻物与人的关系"的尝试。

英国的贾斯珀·莫里森(Jasper Morrison)帮我们设计了钟表、沙发、金属餐具和水壶等商品。他是一位涉足家具、餐具、厨房用品、电器和钟表、鞋靴乃至公共空间设计的设计师,参与过瑞士定制家具品牌 Vitra 和西班牙鞋靴制造商 CAMPER 等一流品牌的商品设计,同时也设计了福冈县太宰府市宝满宫龙门神社的长椅和凳子。

他的设计理念是"极致平凡",属于经过精炼的简约风格,跟无印良品的世界观很是符合。他为 Rosenthal 这个餐具品牌设计的餐盘和马克杯都显露出了简约经典的设计力量，我个人认为，那是能够与德国历史悠久的瓷器品牌 Meissen 相媲美的设计。

无印良品的水壶简约而具有强度，是一件同时满足了设计与质量要求的商品。可是很多人都不知道那是贾斯珀·莫里森的设计，只是觉得"无印良品的商品真是简约又实在啊"。换句话说，我们在 WORLD MUJI 进行的都是极尽奢侈的尝试。

另外，德国的康斯坦丁·格里奇（Konstantin Grcic）也是我们众多设计师中的一员。他每年都会为世界知名家居厂商设计新作品，同时还为无印良品设计了"能做记号的伞"，那件商品成了畅销十年以上的长寿商品。

这把伞的伞柄上有一个洞，只要在上面系一个什么东西，就能当成自己的标识了。经常会有人把伞弄丢，或者分不清伞架上究竟哪一把是自己的伞，只要有了"自己的标识"，就能避免那种情况的出现。

从这些例子中也能看出，世界知名设计师都拥有"把人们无意识的行动加以视觉化",或者说"用看似随意的设计创造新的长销商品"这样的力量。

打个比方。被称为世界第一好吃的德尼亚产西班牙红虾,用网捕到后放进加入了海水的沸水中烫三十秒,马上捞起来放进盐水冰块中,然后把虾壳"啪嚓"一声掰开吃,如果这种吃法可以比作寻找传统好物的 FOUND MUJI,那么米其林三星餐馆的大厨使用这种虾制作复杂料理,或许就能算作是 WORLD MUJI 了。

不过,在多数时候,用最简单的方法食用素材才是最好吃的。能够制作出胜过素材天然美味的料理的厨师,全世界恐怕屈指可数。就算是米其林三星餐馆的大厨,一百人中能做到的或许也不出十人。

而把那十个人找出来,请他们精心制作料理,便是 WORLD MUJI 的使命。

深谙设计之道的人和数百年来一直被不断制作、使用的物品,在某种意义上是非常相似的。融入到各个国家生活中的传统物品和世界最具代表性的创作者所设计的物品,两者同时存在的世界,便是无印良品的世界。其中既存在朴素的一面,也存在最为洗练、最为前沿的设计。

无印良品之所以受到世界各地人们的支持,原因与其说是设计,更不如说是我们试图孕育出的这种"文化"得到了人们的共鸣。

在日本畅销的商品"会成为常设商品"

无论走到哪间无印良品店铺都能看到香薰机和 PP 收纳盒等畅销商品,这些是全世界共通的。

我认为,在日本畅销的商品,无论拿到世界哪个角落都会畅销。因为我们与世界对"良品"的概念是一样的。

也有其他厂商生产 PP 收纳盒,还拿到海外销售,但无印良品的收纳盒密封度却与众不同。

桐木制的橱柜密封度好,关闭抽屉时就会感觉到空气阻力。与此类似,无印良品的抽屉式 PP 收纳盒关闭时也会感觉到来自盒内的空气阻力,可见它也有很好的密封度。不仅如此,无印良品的收纳盒还能整整齐齐地叠放在一起。若换成国外的普通产品,就会出现互相不匹配、叠起来摇摇欲坠的现象。

换句话说,即使是海外已经存在的产品,只要品质够高,价格合理,也能与之决一胜负。

柯尼卡美能达和佳能在欧洲实力强劲,是因为欧洲没有性能足以媲美日本产品的办公室复印机。

另一方面，日本的家电和汽车不好卖，恐怕是因为欧洲普遍青睐质感厚重的产品吧。梅赛德斯－奔驰和BMW车身结实，车门极具厚重感。在家电方面，德国的西门子（现在已经退出家电行业）和博世这样企业的产品，虽然不像日本家电那般功能众多，但是结实不易坏，更受顾客的青睐。欧洲建筑物的大门也都结实厚重，强壮的欧洲女性轻易便能将其拉开，而相比之下略显羸弱的日本男性甚至要费上九牛二虎之力才能打开。这样的文化，与日本存在着根本上的不同。

由于文化差异，有些东西能够被接受而有些则很难被接受，但只要是在那个地区没什么人涉足的领域，还是会存在机遇的。

可是，若完成度不高，就无法达到世界的标准。**唯有品质优良，设计完善，经过时间和人们评价的考验而最后留下来的东西，才是真正的良品。**

Chapter Five

"MUJI 主义"没有国界
——如何渗透品牌哲学理念

当地员工聘用标准是"喜欢MUJI"

凡是到海外发展的企业必然都有一个烦恼,那就是当地员工的聘用。

刚进入一个国家时,该如何募集员工并进行选择,这一切几乎都要在盲人摸象般的状况中进行。

MUJI会从日本派遣一名员工到当地,负责建立法人。在这里我想强调一点,基本上我们只会派遣一名员工。而且有时候还会把从未到过那个国家的员工毫不客气地"砰"的一声往那里一扔,办公室的选址和本人住所的寻找都由他自己来处理,也就是说,公司会从零开始把一切都交给那名员工。

这样乍一看显得有点无谋,但就算是三十出头的年轻员工,最终也能凭着自己的能力建立起法人。这就是无印良品风格的人才培育方法,详细情况已经在拙著《无印良品育才法则》中进行过介绍,请各位读者参考。

法人代表(社长)就由日本派遣过去的员工担任,但副社长和财务等辅助社长工作的职务都会聘请当地人负责。有人会选用自己认识的人，也有人会让熟人介绍一些合适的人选。

在打好这样的基础之后，就要开始招聘在店铺工作的店员（包括店长）了。

我们会采取常见的做法，在官网和招聘媒介上刊登信息来募集求职者，然后由人事部门进行笔试和面试筛选。

求职者的应聘理由多数都是"喜欢 MUJI"。他们中有人是到日本或欧洲旅游时购买过无印良品商品的顾客，在已经开店的国家，也有人是既存店铺的粉丝。不管怎么说，那都意味着他们对无印良品的品牌理念产生了共鸣，这也是我们的一个非常重要的采用标准。

我本以为会有更多人说出"需要赚生活费""离家比较近"这种更为现实的应聘理由，但其实并非如此。MUJI 对国外的应聘者来说，或许也是一个不止是为了赚钱而工作的、极具魅力的企业。

热爱自己的品牌，积极投身工作的员工越多，对企业来说就越有利。这同时也是员工离职率较低的原因之一。

举个例子，中国 MUJI 的离职率目前是 12%。而一般中国企业的平均离职率是 25% 左右，这样一对比就能发现，MUJI 的离职率非常低。

MUJI 的海外员工工资绝对算不上高。一般都与当地水准齐平，而在房租水涨船高的中国上海等地，甚至比其他企业还要低一些。尽管如此，还是有许多员工愿意长期做下去。

而离职率低的另一个原因，可能就在于只要愿意努力，无论是谁都能得到升迁的机会。

日本无印良品不问性别学历年龄，建立起了凭实力从兼职员工一路往上发展的机制，这在海外店铺中也同样存在。**一开始作为兼职员工进入店铺，之后转为正式员工，到几个地方担任副店长后升任店长的例子在海外店铺也不罕见。**

海外企业都会给人一种强调员工实力的印象，可是在法国，聘方会更加重视学历，名校出身的人会占据高层，其他人则鲜少能够升迁。对法国人来说，MUJI 的员工发展系统是"难以想象"

的。为此,大家都会觉得"自己也有机会"而努力工作。事实上,还有人从店员一路升到了运营经理的职位。

在海外,跳槽到工资更高的公司这种情况并不罕见。中国MUJI的员工好像也会接到其他公司的邀请。尽管如此,还是有很多人选择继续留在MUJI,这就证明了他们的工作动机并不仅仅是为了钱。

在工作中寻找价值和意义,这应该是全世界共通的。

有的MUJI店铺中会同时存在多个人种的员工。尽管如此,我们的店铺中店员之间的关系都很好。因为他们可以通过MUJIGRAM共享品牌概念,还能通过"热推十(热推的十件商品)"这一内部销售竞赛来进行店铺之间的竞争,让整个店铺的团队精神保持高涨。

当然,站在自己喜欢的品牌旗下的商品中间,向顾客推荐那些商品,这种工作应该无论是谁都能做得很开心。事实上,无论走到哪个国家,在MUJI店里工作的员工都很热爱MUJI的商品,也给人一种十分享受工作的感觉。

比起工资更高的企业，更愿意在销售自己喜欢的商品的企业里工作。只要这样的人渐渐增多，相信在不久之后，我们就会迎来企业本身缺乏魅力便无法招徕人才的时代。不一味追求利益，而是让更多人产生共鸣，这样才能萌生出聚集顾客、聚集人才的良性循环。这其中说不定隐含着今后企业生存的启示。

无印良品一直努力跨越国界，让MUJI主义渗透进当地，并借此来开发新市场。这种方法今后应该也会持续下去。MUJI主义作为我们的哲学，蕴含着巨大的可能性。

或许会有人怀疑，诞生在日本的理念，会让海外员工产生多大的共鸣呢？特别是MUJI的理念中还蕴涵了日本独有的哲学，给人一种不是日本人或许就很难理解的感觉。

这种担忧完全可以通过建立机制来解决。创建MUJIGRAM这一机制，并贯彻执行下去，便是让海外店铺顺利运营的秘诀。

当地员工用"主流"来培养

以前我们曾经聘用在欧洲担任过 GAP 和宜家店长的人来当店长。觉得那样一来,无论是店铺运营还是人事管理,都能放心地交给他了。

但另一方面,也存在聘用了在其他国家担任过其他店铺店长的人后,他却完全无法进行 MUJI 店铺管理的情况。店员的服务态度糟糕,又不主动整理凌乱的衣服,导致店铺越来越乱。因为那位店长只懂得那个国家的服务方法,也就无法进行员工教育了。

从这些经验中我们得出了一个结论,即使在海外,我们也必须让员工学会无印良品风格的服务。

不依赖于不同国家的习惯和个人经验,而是将业务标准化,必须让所有人都能完成同样程度的工作。为此,我们制作了上文提到的 MUJIGRAM 这本指南。这就是 MUJI 最为"主流"的培育方法。

商品的摆放、服装的折叠和上架、店内清扫、库存管理和配送方法等，MUJIGRAM对每一项业务都进行了"目的"和"意义"的说明。解释了为什么必须要进行这项工作，做了那个工作后会有什么效果。

说明"目的"和"意义"，这在文化习惯与日本不同的海外店铺中显得尤为重要。例如，如果只写"用笑容接待顾客"，在原本就没有那种习惯的国家里，很有可能会让员工心里产生"为什么非要逼我笑啊"的抗拒想法。针对那些"为什么"，我们就预先准备好了答案：

"顾客对店铺的印象，全部来自于店员给他带来的第一印象。""所以有必要以笑容接待客人，为此必须反复进行练习。"手册里会按照顺序进行说明。

"和民"居食屋在中国开店时，曾经教育员工以跪姿给客人递擦手巾，却遭到了坚决的抵抗。因为在中国，跪姿就意味着"臣服于人"，基本上跟日本的"土下座[1]"意思相同。

---

1 下跪的同时以头抢地。

据说因为这个，"和民"不得不从"说话时要让视线保持在客人之下"开始解释，这才终于打消了员工的抵触情绪。

仅仅是命令他们"做这个"，员工是不会做的，但只要让他们理解并接受了原因，他们就会遵从。此外，许多外国人都有着讲求道理的思考习惯，只要向他们解释清楚"这样做会给你带来这样的好处"，对方也会更容易产生"既然如此我就试试吧"的想法。

MUJIGRAM 的内容会根据当地情况做出部分变更，但基本的指导思想还是跟日本一样的。认真学习，将其应用在工作中，自然就能渐渐让 MUJI 主义融入到思想中。如果看到试衣间角落堆积了灰尘，能够自发地去打扫干净，那应该就能称得上已经领悟 MUJI 主义了。

除此之外，根据员工提议，在 MUJIGRAM 中进行调整、每月更新的形式也跟日本一样。

在上海店铺，员工提议的新项目越来越多，在二〇一四年二月还只有六百零六页的 MUJIGRAM，一年后已经增加到了一千一百页。提议被采用的员工本人想必也会很高兴吧。那样一来，他就会更加主动地去寻找能够改善的地方。这样的活动能够提升员工的积极性，无论走到哪个国家都一样。

有的国家还会从MUJIGRAM中抽取重点，总结在手帐大小的册子上分发给员工。虽然每间店铺都会备有一册MUJIGRAM，但要记住全部内容是不可能的，因此只在需要的时候才去参考。不过，身在卖场时，如果手边有一本手帐大小的MUJIGRAM，就能把它放在口袋里，随时拿出来看一看。

经过这样的努力，无印良品的"标准"慢慢渗透到了当地店铺的每个角落。但是，如果因此而过于执着于日本式做法，在海外反倒会显得不自然。那时就需要根据当地情况，对某些部分灵活应变处理。

比如在美国，客人到店时，店员们会齐声说"Welcome to MUJI"这个美国员工们自己选择的句子。虽然有的企业在海外店铺也会使用"いらっしゃいませ（欢迎光临）""ありがとうございました（谢谢惠顾）"这样的日语接待客人，但要说那样才

能体现出日本风味,我却觉得不尽然。是否要用日语来表达,并不怎么重要。重要的是希望客人满意、希望客人放松这些"心意"的部分。我认为,只要有了那种心意,无论用什么语言来表达都无所谓。因为**我们想要传达的是理念和精神,而不是"和风"和"东方神韵"**。

上文提到,本土化很重要,其实那不仅针对商品,在服务方面也同样适用。

品牌理念"彻底共享"的机制

要想让理念渗透到全体员工中间,仅凭普通程度的努力是不够的。

在日本也一样,社长在员工大会上说"本公司应该拥有这样的理想",或者在网站上大书特书"公司理念",仅仅这样是完全无法使之渗透的。正因为明白这个道理,无印良品才会充分利用 MUJIGRAM。不仅如此,公司高管还会到全国各地去,创造向员工们传达无印良品理念的机会。

在海外,让人们理解 MUJI 的理念需要更多时间。因此,我们才选择了跟在日本一样,反复传达理念,最终使其渗透的方法。

·店长考试·店长会议

首先,最重要的是让深入了解 MUJI 精神的人担任店长。

总部员工一般在进入公司三年后就被交予店长的职务,在他们的升职考试中还会出现"请写出 MUJI 的三个特征"这样的问题。

若不理解 MUJI 的理念，是无法回答这种问题的。

此外，我们在各个国家还会每月召开所有店长都要参加的店长会议。这个会议由当地的社长们来主导。在会议中，MUJIGRAM 的修订、追加部分会交到店长们手中，较重要的项目则会有总部负责人进行说明。然后，店长们把新的 MUJIGRAM 带回自己店中，对店员进行指导。

另外，在店长会议上，还会进行对上个月更新内容理解程度考查的笔试。或许有人会觉得"那样好像学校小测"，但为了让员工深入理解公司理念，确实有必要做到这个地步。

· 经理研修

我们还会安排以区域经理为核心的当地员工，到日本进行三个礼拜左右的研修。虽然可以通过 MUJIGRAM 对每一项业务的做法进行理解和吸收，但仅这样还是不够的，因此必须创造一个补足的机会。员工们会在研修中学习到无印良品在日本积累起来的展示方法和物流等经验，然后带回到各自店中。

虽然在MUJIGRAM里也讲述了一些店面展示的基本方法，但只是那样并不能达到百分之百的完成度。公司总部设有专门负责展示的员工，他们会为每一家新开的店铺绞尽脑汁，找出最适合那间店铺的展示方法，而其中一些较为通用的诀窍则被选入了MUJIGRAM中。

服装设计每年都在变化，展示方法也必须随之变化才行。但那种事情仅凭店长会议很难传达，还是请员工们真正到店铺中走走看看更好。

在一九九二年到一九九三年前后，最擅长于店铺展示的是法国人。成长在居住空间充裕的国家的人，想必对艺术和设计的造诣更深，眼光更为刁钻。为此，我们还曾把法国店员请到日本来，请他们传授那些精髓。不过现在，通过不懈努力和不断改进展示方法，店铺展示已经变成了日本人的强项。因此，现在让海外员工学习日本的做法，再带回各自的国家去实行便更有效率。

· **运营检查**

即使研修和会议的内容十分充实，在刚开始海外发展的时候，有的店铺还是会出现店员当着客人的面闲聊、店内布置跟无印良品的要求不一样等情况。为了避免这些问题，担任当地社长的员工会定期到店中巡视，检查商品摆放和物流、店铺运营等情况，发现疏漏会及时指出。通过这种考验耐心的做法，才总算建立起了与日本国内不相上下的优质卖场。

· **高管行脚**

除此之外，我们在中国和日本还进行了高管行脚的尝试。

当地的社长和高管到开有店铺的各个地方进行一个小时左右的演讲，其后要与员工一同讨论无印良品今后的方向等问题。不仅仅是正式员工，兼职人员也能参与其中，而且许多店员本来就是无印良品的粉丝，大家都会积极地参加。

由社长本人来讲述无印良品的理念，确实能够改变现场人员的意识。员工们会更加积极地去深入理解无印良品的精神，想必也会更深刻地体会到在 MUJI 工作的喜悦吧。

·商品展示会

在日本举办的商品展示会也是贯彻无印良品理念的重要场合。

无印良品会在每年"春夏"和"秋冬"召开两次展示会,发布服装、食材、文具和收纳小物等新商品。

展示会基本上都会在东京池袋的公司总部举办,我们会邀请世界各地的店长和总部员工来参观商品。展示会期间,会场上随处都能听到英语、汉语、韩语、阿拉伯语等各种语言的对话,让人不禁产生"我们真的变成世界的 MUJI 了"的感慨。

这个展示会并不只是简单罗列新商品,而是严格按照店铺布局来进行展示,并附上"这件商品要这样摆放在货架上"的说明。这是为了确保每个店铺都能做到无印良品风格的商品展示。

展示会上,还会分发商品的照片和介绍小册子。商品标签上难以完全说明的内容全都写在那些小册子上。小册子的内容还被翻译成了英文、中文、法文等多种语言,可以带回店中供全体店员阅读学习。在让员工们熟知所有商品的"缘由"这一过程中，还能让他们渐渐理解MUJI主义的内涵。

我们就是通过建立这些机制来保证品牌理念的渗透。

毕竟MUJI并非单纯销售商品的店铺，而是向人们提出了一种生活方式，因此有必要对其源流思想和哲学理念进行深入的理解。

让海外员工浸染 MUJI 主义

上文提到过"日本的常识是世界的非常识",但是反过来,也可以说"世界的常识是日本的非常识"。

比如现在的中国,中介方普遍都会向开店方收取中介费用,日本也曾经历过那样的时代。在无印良品,海外事业负责人会收到许多中国中介发来的"下次请在这里开店"的邀请。

如果真的在他们介绍的地点开了店,介绍人就能得到合约金的一部分作为佣金。就算不是无印良品直接支付给那个人,那些金额也会加在原本的合约金上。

无印良品为了避免这种情况发生,从来都不会起用中介方,也不会接受别人的介绍,而是由负责人直接与开发商交涉。

之前提到要入乡随俗,但唯独这点,是需要免俗的。

无印良品内部早已规定"绝不支付任何中介费",因此中国店铺开发的交涉直到我卸任会长之时,一直都由时任海外事业部长松崎晓和 MUJI 上海一位非常能干的中国员工两个人负责。

如果仅使用当地聘用的人员进行交涉，恐怕会在对方提出中介费时妥协吧。毕竟在自己生长的国家中养成的"常识"是很难改变的。无论教给他们多少无印良品的哲学理念，传达多少总部的意向，都有可能最终败给当地的习惯。

既然如此，那就在还没有染上颜色（常识）的阶段，先用MUJI主义浸染他们吧。为此，我们如今正在开展针对当地大学应届毕业生的招聘行动。

他们在毕业入职后的两年甚至三年，要先到日本店铺和总部积累经验，再回到中国，在MUJI上海的各个部门担任关键职务。以此让他们学习到日本主流的MUJI主义。

换句话说，这些毕业生其实是对中国公司的经营习惯一无所知的中国人。现在的中国业界默认需要支付中介费，在中国工作，自然而然就会形成那种感觉。可是，在日本公司里成长起来的他们，接受的却是日本的常识。这样就算回到中国被要求支付中介费，他们也能够一口回绝。如果可能的话，我希望未来在这些员工中能培养出一个中国法人CEO。

在这里我想介绍下那位参与中国开店交涉的MUJI上海员工。

他在上海大学完成学业后，又到了日本都立大学深造，后来入职西友，随后调到良品计划。因为长期在日本居住，他的日语非常流畅，也能很好地理解无印良品的理念，而且还从未接触过中国的经商习惯。所以，我们能放心把在中国交涉开店的任务交给他。

他是个毫不妥协的谈判家，我每次到中国办事处去，都能看到他戴着耳机，用语速飞快的汉语与电话另一头的人交涉。我虽然一点中文都不懂，但可以猜到他应该是在说："租金十万元？不行不行，那样我们不可能入驻。你得改成五万元。"

尽管他的对手是中国企业的CEO，但他毫不胆怯，大大方方地与之交涉。如果只有日本人，必然会因为语言不通的问题让交涉变得更加困难，但他却能不通过翻译直接与对方进行对话，这是一个很大的优势。我认为，正是因为有了他，我们才能在中国如此顺利地开店。

他优秀的工作成绩在中国也非常有名，现在可能每周都有很多邀请他跳槽的书信寄到他手上吧。其他公司不断给出年收入翻两倍、翻三倍的条件，向他发出非常诱人的邀请。

在很多国家，人们都是通过跳槽来提升职位和薪金水平的。尽管如此，他还是选择了留在无印良品。对此他的回答是："因为我对品牌的价值和上升空间很有信心。同时这也是为了向信任自己、愿意把工作托付给自己的上司和管理层报恩。"

如果能在各地培养起像他那样的员工，MUJI 就会变得更加强大。虽然现在还处于播种阶段，但总有一天我们的努力会发芽开花，为 MUJI 的发展奠定更加坚实的基础。

不用广告的"宣传"方法

二〇一〇年，中国杭州的中国美术学院召开了一场名为"无印良品的可能性"的演讲会。这所大学是中国第一所国立综合性美术大学，同时在中国美术类的大学中也拥有数一数二的地位。

为什么在那种地方会召开关于无印良品的演讲会呢？

说明之前，先让我介绍一下当天的豪华阵容吧。

演讲会前半场由前哈佛大学建筑学系主任、现任北京大学教授的建筑家张永和先生针对"无印良品的可能性"进行了讲话。张永和先生曾经与日本建筑家矶崎新等人合作过项目，在哈佛大学时也曾担任过丹下健三教室的教授职务。

接下来，担任无印良品艺术总监的平面设计师原研哉先生以"EMPTINESS 无印良品"为主题进行了演讲。

后半场由第一位获得普利兹克奖（建筑界的诺贝尔奖）的中国人、建筑家王澍，平面设计师刘治治，作曲家兼作家刘索拉，以及世界知名的现代美术家艾未未，协同良品计划时任社长金井政明，进行了一场七人对谈。

"无印良品所追求的简约是什么？""无印良品的思想观念和生活哲学能在中国扎下根吗？""无印良品的根源'无名性'，在中国是如何被理解的？"针对各种话题，艺术家们进行了自由的发言。

这次的演讲会人气旺盛，入场券甚至被誉为"白金门票"，一下子就被领光了。会场是个可容纳约六百人的讲堂，据说当天还有人询问能否进去站着旁听。某个开发商说"如此豪华的演讲会也只有MUJI能做到了"，何况，入场还是免费的。

当地杂志和报纸、电视台等媒体当天也都前来采访。

没错，这就是无印良品风格的"宣传"。

无印良品不会花钱请艺人明星来给我们宣传。尽管不会在电视上大肆播放广告，但却会制造这样的契机，去了解当地人的感觉。

那次的演讲会就是为了纪念在杭州市万象城购物中心新开的店铺而策划的。

同时，在那座购物中心，我们还举办了中国第一次的"无印良品展",通过商品来介绍无印良品对造物的追求,并借此机会让顾客们理解我们的理念。

日本读者可能不太有感觉,但实际上,无印良品的品牌形象,在海外比在日本要高得多。

形成这种局面,原因之一便是公开表示自己是MUJI粉丝、主动支持MUJI的各国名人。在许多国家,最先理解MUJI的理念、最先产生共鸣并拿起我们商品的人,一般都是设计师、创作人和知识分子等在各个领域拥有较高感性的人。那些人把MUJI的好处传播给大众,便会出现品牌形象变得更具品位的现象。

与当地艺术家联合举办演讲会这个策划,便是MUJI打造品牌的行动之一。以前不知道MUJI的人,也会因为"让这么多艺术家一起探讨的MUJI,到底是什么"而对我们产生兴趣吧。特别是被MUJI设定为目标顾客群的年轻人,对那种话题更为敏感。

二〇一五年三月,我和原研哉先生、深泽直人先生受到邀请,前去参加"中国服装论坛"这一中国最大的时尚论坛,讨论无印良品的设计哲学和品牌理念等方面的内容。

那场讨论通过媒体和网络传播到中国全境,随后就可能引发对 MUJI 设计哲学和品牌理念有共鸣的人走到店中,拿起商品,成为我们的粉丝,这一连串的良性反应。

不仅仅是中国。二〇一二年,美国麻省理工学院举办了一场演讲会,曾作为工业设计师参与苹果及微软商品设计的哈特穆特·艾斯林格(Hartmut Esslinger)教授和金井就设计的可能性进行了发言。据说当天来自波士顿和哈佛等大学的三百名学生把会场挤得满满当当。

当金井对"不要'这样才好',只要'这样就好'"进行说明时,仅仅因为一个文字的差异而意义变得截然不同的话语让全场都不约而同地发出了感叹。

许多学生似乎一早就知道 MUJI,在问答阶段也进行了非常活跃的讨论。若参加那次演讲会的学生将 MUJI 的好评传播了出去,想必 MUJI 的粉丝又会增加吧。另外,前述的 FOUND MUJI

商品在欧洲初次上架时，我们也与法国生活概念店 merci 共同展示并销售了与法国文化息息相关，且能够给人一些新启发的传统物品。

在承担销售任务的新店 MUJI Forum des Halles Place Carrée 开张的前一天晚上，我们邀请艺术家让 - 米歇尔·阿尔贝罗拉、merci 的代表让 - 吕克·科隆纳（Jean-Luc Colonna）和原研哉进行了一场有关文化和艺术的谈话，有许多观众前来聆听。

通过在各国举办这些活动，MUJI 这个品牌今后的存在感将越来越强，甚至有可能成长为日本从未有过的企业类型。

那么，为什么 MUJI 能够做出这些尝试呢？

原因在于，艾未未和王澍这样的艺术家都是 MUJI 的粉丝。**我们邀请到演讲会上的，全都是理解 MUJI 理念、喜欢 MUJI 产品的人。**

王澍先生告诉我们："我上回去艾未未的画室，看到了很多 MUJI 的 PP 储物箱。"听到这个消息，金井和松崎马上访问了他的画室，果然看到许多MUJI的PP储物箱，并且也真的在使用。因为有了这么一个小插曲，我们才会把他请来演讲。

有影响力的人同时也是MUJI的粉丝，并愿意为MUJI发表演讲，这比普通的商品宣传带给市场的冲击要大得多。

尽管可能不如每天在电视上放广告那般冲击力巨大，但以讲座为中心，通过口口相传的方式扩散出去，这样才更像MUJI的风格。特别是中国的网络用户多达六亿五千万人，而且又倾向于信赖口碑传播，使用SNS软件的人也非常多。在那里，口口相传的影响力才是最大的。

对顾客也要"明确说明"理念

每到一个新地方开设店铺,我们都会在店铺入口和收银台后方墙面上设置大块的广告板。

广告板上写的是以"What is MUJI"为主题的 MUJI 品牌理念。里面会提到"不要'这样才好',只要'这样就好'"的意思,也会说明"MUJI 的商品虽然简单,却如同充满可能性的空的容器"。从一号店到三号店左右,我们一定都会把用当地语言制成的广告板挂在店中展示。

那些文章很长,仔细读下来大约需要十分钟,但到店的人们几乎都会聚在旁边专心阅读,这让我印象深刻。不知这样能否多少让顾客们下意识地感觉到,MUJI 不是一个普通的品牌。

除此以外,我们还会在店铺天花板附近等容易吸引顾客目光的地方悬挂印有宣传语的条幅(垂幕),不断向外传递着"MUJI 究竟是什么"的信息。

在海外店铺中,每一件商品也跟日本无印良品一样挂着印有每到一个新地方开店,都会详细说明我们的"品牌理念"

商品名和简单说明的吊牌。除此之外,我们还有名为"原来如此POP"的小吊牌。

为什么无印良品开发了这个商品?为什么设计成这个外形?为什么使用这种素材?对普通吊牌中无法充分说明的背景进行讲述,就是设计POP小吊牌的目的。无印良品的所有商品都有各自的"缘由",我们通过这种方法,让顾客也共享了那些信息。

无须明言,店铺格局和店员态度也都反映了MUJI主义。来到店铺里的顾客,应该能从店铺整体氛围中感受到MUJI主义的存在。

普通品牌的店铺,几乎不会像MUJI这样将自己的品牌理念直接展示在顾客面前。

多数品牌销售的都是那个品牌的商品,被直接展示的自然也是那些商品。如果理念只是商品的附属物,其存在感是无论如何都无法变强的。

而MUJI却与之相反,我们遵循品牌理念进行商品的开发和销售,以此来提倡一种生活方式。因此,理念自然而然就成了展示的主体，让顾客理解我们的理念、认同并共享我们的价值观也成了重中之重。

此外，日本的无印良品还在各个店铺开办了工坊。"DIY 纸管儿童椅"提案、手工笔记本工坊、独一无二的团扇工坊等等，每个店铺都精心准备了自己的项目。

海外 MUJI 似乎也在各个店铺开展了诸如香薰疗法等的工坊。在那种场合，店员会直接与顾客交谈，因此也能更轻易地传达 MUJI 的理念。泰国的店铺每年都会制作自己独创的商品手册分发给顾客，在其中介绍商品的"缘由"和 CSR（企业社会责任）活动。

无论哪间店铺，都在努力向顾客传达无印良品的理念，想必今后世界上会有越来越多人对我们的理念产生共鸣吧。

同时，正因为与 MUJI 的理念产生共鸣的人很多，MUJI 才能在海外也依旧强大。

无印良品所推介的，并不是单纯的商品，而是一种生活方式和生活理念。顾客通过购买 MUJI 的商品，就能够表达自己的生活方式和生活理念。对 MUJI 的理念产生共鸣、认为"我喜欢这种生活"的人越来越多,是 MUJI 能够在世界市场上获得今日之地位的根本原因。

"与全世界顾客进行交流"的互联网活用方法

现在,无印良品在二十五个国家和地区发展着事业,同时也建立了官网和 Facebook 官方账号。根据国家和地区的不同,网上商城和 Facebook 账号的实际开设情况也不同,但无论在日本国内还是海外,不通过互联网进行交流,是无法将经营继续下去的。

或许各位读者已经知道,无印良品通过与顾客进行交流而诞生的贴合身体的"舒适沙发"在日本成了大热商品,在海外也开始销售了。这件畅销商品正是从顾客们"要是有这么一个东西就好了"的希望中开发出来的。

房间太窄放不下沙发,那么给坐垫增添沙发的功能如何呢?接受这个创意后,我们提出了能够全身倚靠的大型坐垫、无腿椅和地板沙发等几个方案,根据人气投票来决定外形,最终进行了商品化。

通过互联网这一渠道,在企业和用户双方进行交流的环境下进行商品开发和改良,这是无印良品商品开发中一个非常重要的过程。

在海外,中国的MUJI官网上也有一个名为"生活良品研究所"的板块。其中的"意见箱"跟日本一样,可以让所有用户提出自己的意见和希望,中国的负责人会以中文进行回答。相信这里总有一天也会诞生出新的商品吧。

尽管官网还没达到与全世界所有用户进行意见交流的程度,但今后想必会慢慢实现的。那样一来,企业和用户的距离就会更近,粉丝应该也会越来越多。

或许有人会想,开了网上商城会不会让实体店铺营业额下降啊。可是数据显示,在网上商城购买金额高的顾客,到了实体店也一样会购买许多商品。特别是在像美国和中国这样疆土广阔的国家,要人们都到实体店购买还是有点难度的。如果从日本配送,价格又会非常昂贵。因此我认为,在海外更要让网上商城充实起来,才能方便用户们的使用。

作为一种交流工具,时不时地利用一些更具活力的媒体在当下尤为重要。

今后我们应该会更致力于开发 MUJI passport 这一智能手机客户端。首先还是从日本国内的专用客户端起步，二〇一五年五月，我们在中国也上线了这一客户端。不远的将来，或许我们能在世界上所有国家都建成网上商城，也有可能实现从全世界收集顾客们的意见。那样一来，我们的发现力就会更加强大，找到更多此前所不知道的、世界各地的好物。只要好好利用互联网，无印良品应该会拥有更多可能性。

Chapter Six

能找到"各国独特常识"的人
——"活跃在世界舞台的人"的心得

能在海外活跃的人具备"八个条件"

"该如何培养全球性的人才呢?"

在采访和演讲会上,经常有人问我这样的问题。

我每次都会给出同样的回答:"不存在'全球性'的员工。"

这么说可能显得太唐突直白了,可是,**能够在海外活跃的员工,跟能够在日本活跃的员工是一样的**。我至今为止已经见过了不少良品计划的员工,能够在海外活跃的人并非具有某些特别的资质。能干好工作的人,无论走到哪里都能干好工作。"一开始就具有全球性"的人根本不存在。

在日本不活跃的员工被派到海外后突然觉醒,变得活跃起来了,这种事我无论在公司内部还是外部都从未听说过。只要能够尽早发现资质好的人,通过各种安排让那个人的资质开花结果,那么,其实是有很多人能够进行国际性工作的。

但是,这其中也有个例外。

那就是沟通能力的问题。在日本就算没有沟通能力也可以默默完成工作的匠人型员工，同样会受到一定的好评。可是，海外却并不存在表扬那种工作方式的文化。更何况那本来就是进入一个周围日本人很少的环境，需要与公司内外各种各样的人来往合作的状况，若没有一定的沟通能力，就无法完成工作。

要让团队全员共享一个固定的大方向，所有人朝着目标共同努力，就要求领导者拥有一定的沟通能力。**所谓沟通能力，就是将自己的想法转换为话语传达给对方的能力，同时也是接受对方想法的能力。**只有通过交流沟通，深入理解彼此，一个团队才能团结起来，共同朝着目标奋斗。

虽然在日本，有些部分"就算不说你也明白"，但到了海外，"你不说我就不明白"才是沟通的起点。因此，必须比在日本时保持更积极的用话语表达想法的意识。

尽管其中会存在种种困难，但一定能找到突破口。不同的国家在文化、习惯、思维方式等方面都存在不同，但另一方面，诸如电影、漫画和 YouTube 的人气视频等，许多东西还是能得到全世界人的认可，因此无论哪个国家的人，都应该存在着彼此相通的部分。

这里值得留意的是,"语言能力"与"沟通能力"是完全不同的两样东西。

就算语言学得很好,若无法表达"我是这样想的",或无法理解对方所说的话,那沟通还是无法成立的。仅有语言能力,无法让沟通顺利进行。反之,即使对自己的语言能力心怀不安,只要拥有高度的沟通能力,也一定有办法克服难关。

来自公司的安排也非常重要。如果将沟通能力不足的人派到海外,无论那是多么优秀的人才,也必然会战死沙场马革裹尸而还。因此,在人选上必须慎之又慎。

那么,该选择什么样的人呢?我在这里给出一些提示吧。

被日本企业派遣到海外工作的人,一般都会处在承担责任的地位,成为一个团队的领导者。因此,**可以把能够在海外活跃的人考虑为能够成为领导者的人。**

我认为,这样的人,通常都具有以下八个条件。

(1) 创新精神

正因为要在日本的常识不再起作用的地方工作,才更需要有能力抛开既成的概念和固有观念、打破眼前的常识和常态向前推进的人。经常有人说"能创新的人,才是合格的领导者",拥有创新精神,这一条件在海外比在国内要求更高。

(2) 执行力

无论多么优秀的创意,若无人执行便没有任何意义。我向来认为"讨论不适合公司这种地方",因为最重要的不是深入探讨,而是执行。

特别是处在周围都是当地员工的彻底孤立状态下,仅仅费尽口舌恐怕是很难得到认同的。必须首先采取行动并得到结果,才能从中孕育出信赖关系。

(3) 贯彻力

这是一旦做出决定,就要尽全力去完成,不中途放弃、不自暴自弃,无论任何事都要贯彻到底的能力。在一招决胜中败下阵来,便如同武士般干脆利落地退出,这样固然很好看,但恐怕并不适合海外的环境。到了海外,最能行得通的应该还是"永不言弃"。

经济学家阿尔伯特·赫希曼(Albert Otto Hirschman)提出了"世界上有只大手,隐藏了种种困难,让我们难以看清。"这一"隐藏的手"的理论。人不会特意去选择困难,而是没有发现困难,自认为这个工作非常简单,从而带着这种大意的心情去着手(选择)那项工作。

孟加拉国的戈尔诺普利造纸厂为了利用某个丘陵地带广阔竹林里的竹子制作纸浆,而在那里建立了工厂。可是没想到,刚投产没多久,那里的竹林就枯萎了。

一般来讲,遭受到如此大的损失,多数企业都会选择撤出,但这个工厂的经营者却各处走动,花大力气整合了调配竹子资源的途径,与此同时,找到能够快速生长的竹子品种种了下去,还引进了能够跟竹子一样使用的木材,使得工厂所使用的原材料更加多样化了。正是失败乃成功之母的典型案例。

最重要的不是爆发力，而是韧劲，是就算被打倒、被践踏也能重新站起来，必要时可以变得皮糙肉厚、刀枪不入的能力。

(4) 洞察力

指的是能够看透事物本质，并不断钻研的能力。

自从我就任良品计划社长之后，连续关闭了七个奥特莱斯店。

当时每一季的大量过剩库存是公司面临的一大问题。要处理各个店铺留下的过剩库存，最简单且合理的办法只能是通过奥特莱斯店销售。

可是我却想到，这个问题的本质并不是"要如何处理剩下的东西"，而是"要保证各店商品销售一空，不制造过剩库存"。

每一件商品都要仔细分析市场动向后再进行生产、管理、销售。这种方法乍看非常麻烦而且花费时间，但通过建立这种机制，就能培养起生产、流通、销售全面发展的企业体制，以此来获得竞争力。

我向来认为"唯有困难的道路上才存在真理"。看上去轻松而合理的道路会有很多人趋之若鹜，但那里可能并不存在事物的本质。

我一直坚持**迷茫时要选择困难的道路**，因为事物的本质往往存在于困难之中。

乍一看像在绕远路，但只要能够洞悉事物的本质，最终就能用更短的时间解决问题。大家都想回避看起来麻烦而困难的问题，但只要抓住了事物的本质，自然就能明了接下来该做什么。

(5) 预见性

在这个变化激荡的时代中，拥有预见性是十分重要的能力。

拼命专注于眼前的东西，这是任何人只要有心都能做到的。

如果只跟所有人做同样的事情，是无法在竞争中生存下来的。真正的决胜关键，在于能够预见对手接下来有多少步棋。特别是海外战略，若不预见到非常长远的未来，是很难顺利发展的。不该在所有人都选择进入那个国家的时期才排着队跑过去凑热闹，而应该抢在那个时期之前先下手为强。

关于培养预见性的方法，我无法作出明确回答，但可以肯定一点，身为一个领导者，若没有一点预见性是很难胜任工作的。

有这么一个方法，就是在与人的交流中敏感地察觉对经营有利的情报并收集起来。另外，要判断一个人是否拥有优秀的预见性十分困难，而上述这点无疑也是其中一个必备条件。

报纸和网络上的新闻可以被所有人获知，而稀有的情报只能从人手上获得。真正重要的情报和最前沿的信息都不会来自网络，而是来自现场。

(6) 任用力

作为一名领导者，要能够管理好组织。这个问题也可以转换为沟通能力是否优秀，是否拥有与身边的员工一道组成团队投身工作的能力。

我认为，靠一名拥有领袖风范的领导者独自拉扯团队向前冲的时代，已经迎来了终结之时。

在唯我独尊的领导者麾下，很难进行自由的发言。处在无法自由发言的氛围下，员工就很难培养起自己思考的能力，从而无法自由孕育出具有创造性的想法，这样一来，一个组织的力量流失也就成了难以避免的结局。

如今这个时代，是集结所有团队成员的能力，在领导者的引导下向同一个方向推进的时代。总是独自一人包揽所有工作的人，就算工作能力再强，作为一个领导者也是不称职的。若没有信赖他人、任用他人的能力，就无法创造优秀的团队。

（7）对现场和实际情况的应变力

到了海外，各种情况都跟日本不同。不仅如此，还不得不经常面对种种让人难以置信的场面。

在这些问题中，存在着必须由企业解决的方面，但基本上更多要靠现场人员随机应变。如果每件小事都要向总公司咨询意见，那别说解决问题了，甚至会让问题更加恶化。

矛盾和错误要尽早发现，尽快采取措施，这是走到哪里都一样的道理。因此，就应该自己思考解决的策略。

世界各地的文化传统和风俗都不同,商业习惯和商业礼仪也不尽相同。如果只是把日本的风格强行带入,非但无法让事业顺利,还有可能把一切都搞砸,所以我们才需要能够迎合每个地区的实际状况进行灵活应变的能力。在这个意义上还可以说,"全球化就是本土化"。

因此,到了海外就只跟驻派当地的日本人来往、只吃日本料理、固守日本习惯是行不通的。必须尽快染上那个国家的颜色才对。

准确把握眼前发生的大小事情,用自己的脑袋思考,在现场和实际工作中保持灵活的应对,这是到海外赴任的人必须具备的能力。

(8) 勇气

挑战未知世界时,必然存在失败的风险。想要顶着风险执行,直到最终达成目标,勇气就成了我们最后的支柱。毕竟是向未知的大海扬帆起航,若没有勇气,是一步都前进不了的。

特别是到了海外,相当于被扔到了一个以前从未经历过的世界。所有事情都不能按照过去的惯例来处理，自己的经验搞不好一点用都没有。在这个哪里都不存在正确答案，风险常伴左右的状况下，唯有坚持到底的勇气才能推动自己一路向前。

经营学巨匠彼得·德鲁克（Peter F. Drucker）曾说："管理的本质就是责任感。它并非权威或权限。所谓领导者，指的是将自己训练成领导者的人们。"我认为，领导者就是自身怀着勇气去拼搏奋斗的人。

而支撑那个勇气的东西，就是志向、任务，或者说强烈的愿望。如果没有那些东西，就难以产生"虽千万人吾往矣"的气概。在海外，讲究的就是胆大心细的"冒险商人"资质。

真正的勇气不会从算计和眼前的小利中生成。唯有在坚持一步都不后退地实践自己的信念时，才能产生真正的勇气。

要学会游泳只有"下水一游"才行

这么说恐怕显得有些粗暴,但我认为,**要让一个人学会游泳,最快的方法就是把那个人从船上推到海里。**

我上大学做兼职时,曾经给临海学校的初中生指导过几次游泳。整个课程包含五天的游泳练习,以及最后游泳横渡到两公里以外的小岛上这个测试。就算是一开始根本不会游泳的小旱鸭子,只要有一定的运动天赋,就只需把他们往海里一扔,让他们拼命游起来,最后通常都能游上两公里。所谓的游泳,不过如此而已。

最不好的是旱地练习。让孩子们趴在榻榻米上学习这就是蛙泳、这就是自由泳,那种方法几乎毫无作用。

这跟学语言也有点相似。只要先把人扔到海外去,他就只能跟当地人进行交流,到时候无论英语、汉语还是德语,他都会拼了命去学,直到最后能开口说话。

在无印良品,即使是没有过海外驻派经验的员工,也经常会被独自一人派到海外去。当然,我们派遣的都是相信他一个人也能想办法解决问题的员工。尽管如此,那些员工一开始还是可能会因为文化冲击而感到身心疲惫。要跟语言和常识都不相通的人进行交流、工作,自然非常辛苦,但我相信,那种经验能让员工实现飞跃性的成长。

虽说"语言不通",但在工作时,就算我们只能往外吐单字,对方也还是会努力去理解我们的意思。毕竟我们的员工站在指导当地人的立场上,而对方也非常清楚这一点。

只是,一旦被邀请到周末的家庭聚会上,就会发现当地人用飞快的语速交换着闻所未闻的单词,让我们难以跟上节奏。彼此成长的环境,以及历史和文化背景截然不同,因此这种局面无法避免。要达到能够理解那种日常会话的程度需要更长的时间,但在工作上,对方往往会考虑到我们的难处,反倒相对轻松一些。

最不好的是有一个专门负责与当地人进行交流的翻译秘书。自己说日语,秘书用当地语言跟当地员工进行交流,那样固然非常令人安心,但过去也出现过失败的案例。再加上那样一来,本人的语言能力几乎毫无进步,跟当地员工也无法进行真正的交流。

若不试着与当地员工直接进行交流，就无法构筑信赖关系。请不要忘记，沟通和交流是构筑信赖关系的重要工具。

我听说，法国菜和意大利菜的厨师经常在一点法语或意大利语都不会说的情况下就跑到那两个国家去进修。因为厨房内部充斥着当地语言的交流，他们都会拼命去学去记。如果不那样做，他们就无法生存下去，因此那些人学习语言的速度非常快，甚至显得有些神经质了。

在无印良品，有不少负责人在得知将被派遣到海外赴任后，几乎没有时间事先进行语言的学习就不得不飞到当地去了。尽管如此，他们还是想办法克服了难关。因此就算没有海外留学经验，也没有必要害怕。

只是，从我的经验来说，一旦过了五十二岁，就算到了国外也学不会当地的语言了。看来在语言学习方面，五十岁是个坎儿。

不管怎么说，我认为积极地派遣员工到海外赴任是好的选择。在新的国度开设新的店铺，展开新的事业，这对员工本人来说，无疑也是最好的成长道路。

越是辛苦，越能让一个人成长。因为只有在那种时候，才能开启无限的可能性。

"各国独特的常识"该如何寻觅

海外战略的成败,关键在于是否拥有尽早找到各国独特的常识,并灵活改变自身经营模式以适应的能力。

决定进入一个新的国家,大家都会做一些市场调查等前期准备,但实际过去一看,却往往会遇到前期调查中没有发现的东西。

例如在中国,跟日本的请款书、收款单相对应的"发票"这种东西,其使用的纸张都由国家配给,以编号来进行管理。要开发票必须从税务局购买开发票专用的软件和发票纸张,还必须准备好规定使用的打印机。发票的发行数据都会被传送到税务局。也就是说,开发票这件事等同于向国家申告自身的营业额,并且需要向国家缴纳票面金额 6% 到 17% 的税金。

因为这样,在中国要是不先出具发票,对方是绝对不会支付采购款的。

如果只凭日本人的感觉,认为先收到款项再开具收款单就好,那么无论等到什么时候都不可能把钱等来。

此外，一旦开了发票，就会让国家把握到自己的收入，因此还有公司会故意不给开发票。这种情况在中国比较普遍，国家甚至专门制作了刮卡式的抽奖发票来促进发票发行。

可是，就算这是中国的经商常识，却也是无法通过事先调查发现的。

再举另外一个例子。

韩国是个儒教国家，特别讲究对尊长尽礼数。

父亲说的话不可反驳，母亲和孩子必须听从。而母亲负责保管父亲的钱包，完全掌握经济大权，因此孩子无法自由支配金钱。韩国是唯一一个 MUJI 文具卖不出去的国家。想必也是因为连文具都是由母亲负责购买，年轻人难以自由选择文具的品牌吧（反倒是被套和床单特别好卖）。

此外，单人床也完全卖不动，特大尺寸的大床却特别畅销。我觉得这也是生活习惯不同造成的。

尽早发现一个国家独特的常识，并灵活地改变运营方法去迎合那种常识的能力，是一个企业必要的力量。发现各国独特常识的能力，很大程度上又取决于企业是否能任用具备那种眼光的员工。

那么，"能够尽早发现各国独特常识的人"究竟是什么样的呢？他们所具备的条件与"能在海外活跃的人"完全一致。

他们是能够集中精神看清事物本质的人，拥有预见性，并会在预见到问题后马上着手解决。

我们派到泰国的一名年轻员工便是那样的人。

我们在泰国与当地最大的中心百货商场签订了加盟合同，在商场内上架了MUJI的商品。

这名员工到泰国走了一圈，发现如果不先把商品价格降下来，泰国的顾客们就不会光顾。而为了降低价格，他又想到了重新整合采购途径这个方法。

泰国从日本进口商品需要支付关税，使得商品价格无论如何都要卖到日本的2.5倍左右。可是，泰国与中国之间却签订了经济合作协定，商品进口几乎不需要支付任何关税。于是他就想到，如果直接进口中国生产的商品，就能降低价格了。

可是，办理从中国进口商品到泰国的手续却非常繁杂。就算"原则上"能通过，"实际上"却通不过，因为行政上的裁决范围实在太大了。于是在走到这一步时，总公司的物流部门和外贸公司的交易方都已经放弃了。

不过，他还是拼命找到了方法，总算去除了关税。然后，他就在此基础上，成功降低了泰国商品的售价。中心百货商场的人当初并不认同他的意见，但因为营业额实现了成倍上涨，才总算意识到原来他是正确的。

此外，现在无印良品销售的咖喱中，绿咖喱和咖喱皇都是泰国生产的。也就是说，用泰国的食材制作出真正的泰国味道，再从日本销售过来。他认为，既然是在泰国生产，那何不直接采购到店里来，还能比日本卖得更便宜呢。后来，所有在泰国生产的商品都直接在泰国采购，并以比日本还低的售价上架销售了。

发现问题点，自己思考，负起责任去执行，这种人是很难找到的，但并非一个都没有。是否能找到这种人才派到海外，往往会成为决定事情成功或失败的分水岭。

当地"人与人的关系"非常重要

听那些到海外赴任的人说,有很多人都认为在海外"人与人的关系是非常重要的"。我本人并没有到海外赴任的经验,但在一个陌生的土地上能够为自己提供力量的人究竟有多么宝贵,这并不难想象。

我们向有过海外赴任经验的人询问该如何构筑起人脉网,得到了以下几点建议:

· 我只有到台湾的经验,但这种东西应该在每个国家和地区都大同小异。凡事只能靠人去联系。通过别人介绍认识新朋友,再通过那个新朋友介绍认识更多的人。然后靠自己的眼光选择对工作有帮助的、个人可以信任的人来发展人际网络。(赴任地:中国台湾)

· 我只有在拉丁语系国家工作的经验,在建立商业关系方面,人与人的关系和信任是非常重要的。因为我所在的地方并非容易接纳陌生人的国家,发展人际网络的办法基本上就是通过值得信任的朋友和工作上的合作伙伴给我介绍。

在一个新的国度发展业务时,若已经有了值得信任的交易方,一般都会请他们帮忙介绍律师和会计事务所等机构。我认为,这其中很大一部分原因是"绝大部分都是个人事业和中小企业""除了家人之外任何人都不可信任"这样的经济和文化背景。(赴任地:法国、意大利、阿拉伯联合酋长国)

·无论是拉丁语系国家还是中国,为了得到自己满意的结果,最重要的都是发展好人与人的关系。在海外事业发展方面,判断一起工作的人是否能信任、是否值得信任,这点是很重要的。

首先要积累失败经验,培养自己看人的眼光,同时自己也要努力成为值得别人信赖的人(要竭尽诚意,使对方认同自己),还要拥有至少一个能够信赖的人。那样一来,就能一传十十传百地构筑起人与人的关系网,这便是我的经验。

此外，在商业上，相信别人同时意味着也要承担失败的风险，因此先设想好最糟糕的结果再行动或许是最为重要的。（赴任地：中国、意大利）

·我认为这没有国与国的差别。无论在什么地方，与当地的人和驻派当地的人建立起信任关系都是必不可少的。无论在哪个国家都要"提高警惕，摆低姿态"。到各种各样的地方去请人们跟你谈事情，结束之后都不要忘了表示感谢。只要建立起了互相信任的关系，当地的网络自然就向你敞开了。（赴任地：英国、德国、新加坡）

经常有人说，日本人在海外容易被骗。

因为这样，跟别人来往时就要保持一定的距离吗？其实并非如此。大家也好像都没有刻意与人保持距离。毕竟如果不真心投入，对方也不会轻易信任你。

只驻扎三到五年就回日本的人，一般不太能得到当地员工的信任，而动辄要跟总公司请示的人，似乎也得不到他们的信任。只有亲自倾听大家的意见、敢于承担风险并能做出明确决定的人，才能得到当地员工信任吧。

如何深入当地人际网络

要在海外建立起有效的人际网络，还是要深入到当地人的关系网络中，否则就毫无意义。

比如在中国，过去有一段时期，我们跟三菱商事和伊藤忠商事这样的日本企业的驻派人员来往频繁，但他们的感想却是"很难深入当地核心"。在中国，如果人际网络中只有日本企业的驻派人员，是没有什么用处的。

另一方面，我们得到消息，在当地企业领头人和高管人员参加的 EMBA 讲座上，可以接触到商业圈子的许多人物并建立起高质量的人脉。由于那个圈子是无法通过别人介绍而进入的，因此我们便让第五章提到的那位中国员工去参加考试，接受了北京大学的 EMBA 课程。

中国 EMBA 的最高学府是中欧国际工商学院这个中国政府与欧盟委员会共同建立的学院，它在《金融时报》（*Financial Times*）发布的全球商学院排行中也很靠前。其次是一个香港富翁投资建立的长江商学院，而北京大学则排名第三。

EMBA讲座每月一次，周四到周日连续四天学习，一直持续两年，就能得到EMBA学位。

EMBA讲座会邀请国内外现役的CEO、COO等经营者参与进来。中国人比日本人求知欲更为旺盛，就算在公司已经是领导人，也会到这样的地方来学习，同时他们也都热衷于构筑自己的人际网络。中国以国有企业为主体，在中国经营必须面对的也是国有企业，因此就需要进入相应的人际关系网络。否则，在中国就较难顺利完成工作。

有一次，我们的商品滞留在深圳海关进不来，负责人提到在EMBA认识港务局的某某后再进行沟通，第二天货物就被放行了。有时就是会遇到这种情况。

中国人习惯"一起吃顿饭就是朋友"，在饭桌上认识了之后下一次再出面，也会受到优先的待遇。

我也曾跟参加EMBA课程的CEO、COO们一同聚会过。十到十五个人围坐在一张圆形的中餐饭桌旁，热热闹闹地吃饭。如果在日本，这种聚餐顶多只会有四到五个人参加，因此两者很不一样。

MUJI之所以在中国慢慢做大做强，也是因为我们一点一点地构筑起了那样的关系网络。若无法融入当地的社会，要获得成功是很困难的。当然也有通过JETRO（日本贸易振兴机构）等机构来构筑的关系网，但能够在当地活用的"人与人的关系"则要另外去建立，这就是目前的事实。因此，自己也要通过工作去结识更多的人。

带着这样的想法，就又能提出一条适合海外工作的人的条件：具有外交性、擅长投身到人群中建立关系网络。老实说，性格认真而内敛的人无论再怎么优秀也不适合那种工作。

有时也会遭遇失败，但要通过失败来磨炼看人的眼光，并努力成为值得他人信赖的人，这点很重要。**无论到了哪个国家，人际交往都只能用认真谨慎的态度对待**，当中并不存在特殊的成功法则。

去海外赴任前需要准备的东西

到海外赴任前，有些东西最好要准备好。

那就是"国内总部的信息"。如果不把这些全都装进脑袋里，恐怕就寸步难行了。

在MUJI，必须能够详细说明像"国内有店铺四百零一间，海外二十五个国家和地区共有店铺三百零一间""员工人数国内外合计约一万两千人""年度总营业额两千六百零二亿日元"这样的公司基本信息以及企业理念、沿革等内容。

当然，商品阵容、什么东西在哪里生产、产量多少、用什么系统进行管理、物流情况如何，这样的生产、物流、销售整体概念，以及商品开发的机制、其他公司与自己公司的经营方式异同也都需要记到脑子里。

要把这些全都记住可能会很辛苦，但这确实是基本要求。

前往被派遣的国家后，所有事情就都要自己来管理了。如果不把自己当成社长，把握好整个公司的状况，就没有办法展开工作。

在国内是课长级别的人，到了海外可能要兼任部长甚至社长。因为在赴任的地方，开发商和交易方往往会问一些关于事业内容、战略、经营状况以及日本与海外的关系如何等，在日本只有"社长"才回答得了的问题。若是回答不上来，就无法得到对方的信任，甚至连生意都有可能因此而受到影响。

即便自己只是一介职员，可在对方眼中，这便是日本公司的代表者。若没有背负起公司整体荣誉，甚至夸张点说是背负起整个"日之丸"的气概是不行的。

此外，所有经历过海外赴任的人都会异口同声地提到，必须要对那个国家的历史和文化、宗教有一定的了解。没必要事先学习语言，但若不掌握这些知识，就有可能招致难以挽回的事态。

这对实际上没有宗教信仰的日本人来说可能有些难以理解，但很多国家的语言、习惯与生活都是建立在宗教基础上的。

例如在伊斯兰国家，就算是出差人员也不能把酒带入境，还有斋月不可以在公共场合饮食，这些若不事先了解就会遇到麻烦的信息简直像山一样多。

了解当地的历史文化,在与当地人交流时若接触到那些信息,就能让对方产生亲近感,创造出使工作进行得更顺利的氛围。在大多数国家,宗教都是个禁忌话题,但人们都很喜欢谈论政治,一定能带起气氛来。

同时,在与当地人交流时也经常会被问到日本文化。因此掌握一定的能乐、歌舞伎、武士道和茶道等与日本传统文化和历史相关的知识也是有好处的。如果被问到什么问题都回答"I don't know(我不知道)",对方就会觉得"这个人连自己国家的事都不知道,真没意思"。

另外,尽管这在日本并没有受到多大重视,但历史、文学、音乐、绘画等领域的一系列一般知识最好还是要掌握一些。海外的精英们都会在那些方面有所精通,要是日常对话中别人忽然引用了一句莎士比亚,你就会很尴尬了,所以要保证自己多少能跟上谈话的内容。

当地的习惯也是越早知道越好。

在欧美，女士优先是最基本的。因此在餐厅用餐时，觉得自己走在前面就先出去了，反倒会被人觉得"这位先生真没修养"。无论在什么场合，男性都必须让女性优先。

在日本时自己毫无意识的事情，到了海外有时会变成失礼。比如，若在公共场合做出"吸鼻子""吃意面或喝汤时发出声音"这样的举动，别人对那个人的评价就会降低。

总之，若对目标国家一无所知，就不仅是工作，连生活下去都会十分艰难。因此推荐大家事先收集尽量多的信息。

消灭海外发展的大敌"OKY"

海外赴任中容易感到的压力之一，应该就是与总公司的交流。

在接到总公司和交易方硬塞过来的困难要求和订单时，很多人都会想说一句话，那就是"OKY＝お前こっちでやってみろ（**你倒是过来做做看啊**）"。只要是有过海外赴任经验的人，必然都曾在心中默念过这句话吧。

总公司根本不知道现场是个什么情况，却能若无其事地说出"营业额下降了""工作质量低下""把成本控制好"这些话。不仅如此，这边有事找他们商量时，他们又迟迟不给回复。于是驻派人员们聚到一起喝酒时，就会冒出"总部那帮人真该OKY"的抱怨。

关于这个问题，我还是认为，唯有建立起海外与总部的沟通机制，将其融入企业的运营系统中，才称得上是解决办法。如果只扔下一句"你那边想办法搞定啊"，被派出去的员工想必就会感到不安吧。

如今我们拥有电话和邮件、Skype等各种沟通手段，却还是无法实现良好的沟通，都是因为彼此没有构筑起一定的信赖关系。不能只考虑赴任者与当地人的沟通，作为公司一方，也要好好考虑一下如何跟派遣到海外的日本人建立起良好的关系才行。

另外，在无印良品，拥有一套从韩国以及中国的香港、台湾等地，派遣当地员工到日本的机制。韩国员工六个月，中国香港员工一年半，中国台湾员工两年，在此期间，员工们都会驻扎在总公司的商品部。因为让他们直接学习到日本无印良品所需的知识和做法，才能更好地使其理解"原来总部是希望这样"。如此一来，就能弥补沟通上的欠缺，彼此也能够及时进行信息交流。

都说百闻不如一见，但仅仅是两三天的视察能够了解到的东西非常有限。要到那个国家去生活几个月，出席一些会议，到店里转转，才能初步掌握一些状况。这也是我们派总部所有课长级员工到海外研修三个月（见113页）的理由之一。驻扎在当地的总部员工必须一个人包揽会计、税务、人事的工作，仅仅是在一边看着他工作的身影，也能明确感受到那究竟有多辛苦。那样一来，总部以后就不会再向当地员工提出过分的要求了。

前几天，我在董事会上见到了佳能电子的社长酒卷久先生，他说："在日本能用 70% 的力量完成 100% 的事情，可到了海外却不行了。"意思是，我们必须为海外赴任者准备一个好的环境，保证他们能够在自己所擅长的领域全力战斗。那想必也是一种方法吧。在无印良品，有时候会把一个人扔到他从未涉足过的领域去，但目前我们也在整顿体制，使总公司能够尽量为员工提供支援。

不过话说回来，好像除了 OKY 之外，还有"OKI"这么一个词，指的是"お前の代わりはいくらでもいる（你不干还有一群人等着干呢）"，这应该是日本总公司想对海外赴任人员说的话吧。

但这句话一旦说出口，就无法挽回了。

本来员工就在当地奋不顾身地打拼着，却被甩过来这么一句话，这下子所有干劲儿都会消失得无影无踪。因此，总公司的人必须心怀敬意地意识到"赴任者是代替我们前往海外最前线战斗的人"。

日本的常识，是世界的非常识

我到 MUJI 意大利总部时，曾经听到一件令人吃惊的事，原来社长新一年度的第一项工作，是"决定员工的暑假安排"。

意大利的新年度从二月开始，员工们都会心急地想订好七月和八月的休假计划。然而来自日本的社长当然不会考虑到那么久之后的事情，所以会说"我倒是什么时候都无所谓"。当地员工们听后就会兴高采烈，因为那样一来，就无须调整自己的休假安排以免跟社长的休假撞上了。

拉丁语系国家的人们相对于向公司和组织宣誓忠诚，会更加重视享受自己的生活。在欧洲，特别是拉丁语系国家里，会诞生出葡萄酒，以及美术、音乐、时尚等方面的诸多杰作，也正是因为有了享受生活这样的性格基础吧。

那是与日本人截然相反的性格。每一个在海外工作过的员工，都会说出"日本的常识，是世界的非常识"这样一句话。那么，他们究竟对此有过什么样的切身体会呢？

・我认为在开展业务时，有必要理解彼此对工作的看法是不一样的。要理解他们基本上都以生活为主体，而非工作为主体，也不会像日本人这样迅速应对工作中的每件事情，所以要提前向他们说明大方向。此外，无论什么国家的人都会清楚地对你表达他们的想法，因此要拥有自己的意见和主张。在当地会有更多事情需要自己做出判断。在进行判断时，通常都会依靠自己的经验和知识，但有些事情还应该从多种角度判断，因此最好拥有一个可以与之商讨的人。（赴任地：英国、德国、新加坡）

・尤其是对零售业来说，日本是个特殊的市场。日本近年来开始流行"两极分化"和"阶级社会"的说法，但我认为，世界上极少存在像日本这般中产阶层人数众多的市场。如果在生意和工作上以日本为判断基准，认为日本的正确答案就是海外的正确答案，很有可能会造成误会，导致惨痛的失败。当然，既然是从日本走向世界，以日本的做法为基准进行思考也是很重要的，但不要轻易将那种做法判断为正确答案。（赴任地：中国台湾）

·最理想的状态是能够掌握当地的语言，但这在英语圈外是很难实现的事情，因此撇开上司下属的关系，交几个可以畅所欲言的朋友就非常重要。有些对上司很难明言的话，对朋友反倒能说出来。

工作方面，在人事的思考方式上，把握一个人天生的性格和特征是非常重要的。因为人的本性基本上不会因为教养和教育而改变。因此，有必要看清他们本身具备的求知欲和判断力，再进行采用。

另外，拉丁语系国家的劳动者受到劳动法保护，就算员工渎职，也几乎不可能一毛钱不花就将员工解雇。因此，试用期便是劳动者努力卖乖，聘用者想方设法看穿一个人本质的战斗时期。

人与人的交往无论在工作上还是生活上都非常重要。因为人际网络很重要，只要可以信赖的人够多，那么无论面对任何问题，就都能找到解决办法了。（赴任地：法国、意大利、阿联酋）

·现在到海外赴任的人可能会事先被许多人提醒"日本的常

识是世界的非常识",但我觉得没必要过于紧张。重要的是实际在当地开始生活后,把所有遭遇都当成一种"享受"的精神。

另外,别因为语言不通就用傻笑来糊弄过去,必须要拥有说"不"的强势。刚刚赴任那段时间,由于自尊问题,很难做到这一点,但正因为是刚开头,才能问出那些自己觉得丢人的问题。那样得来的知识和经验,能够将那些"非常识"产生的问题防患于未然,也能先行一步做好对策。(赴任地:中国、意大利)

日本文化在世界上显得特异而罕见的地方在于,无论是生活水平、卫生观念,还是细致程度和服务方面,我们都表现得出众、精细、完善。所以,家乐福和沃尔玛那种随随便便的服务是不能获得日本消费者青睐的。这就是日本的国民性。

相对地,日本的承包商在迪拜等中东国家承包了大楼和机场、油田设施的工程,但经常听说对方在工程完工后也迟迟不愿支付工程款,因此闹出矛盾来。

例如,由于施工过程中的设计变更,导致工程费用增加了一亿日元，日本开发商会一边听从对方意愿修改设计，一边要求"请支付一亿日元"。可是，对方却会回答："我们只是提出了希望，而你们却主动修改了，所以这钱我不会付的。"于是到最后钱还是没有付。日本承包商手上的这种债权堆得像山一样高。就算上法庭对质，也几乎无法胜诉。为此，负责债权回收的执行委员就要在当地驻留十年左右。由此可见，海外合同协商的困难。

为了预防那种情况出现，除了先给钱后交货外别无他法。以"世界的常识"来说，合同上没有写的东西，之后是基本不可能兑现的。

海外工作十分艰难这没有错，但也正因为如此，才能让人快速成长，也能让人有新的发现。本章开头提到，在日本活跃的人到了海外也能活跃，其实反之亦然。

在海外工作过的人，回到日本以后，也能派上很大用场。所以请这样想：到海外赴任其实是一个成长的机会。

当然，工作不是全部，享受人生也很重要。到海外去接触其他国家独特的历史和文化,与以往接触不到的人进行交流,这难道不是人生的一大乐趣吗?

热情能促使人展开行动

我每年都会休两周左右的暑假,与妻子一道环游世界。

我们最经常去欧洲,也常常会联系当地的员工,请他们带我们到处走走。在那里与那些成长了不止一点点的员工再次见面也成了我的乐趣之一。

某一年,我们到西班牙去游玩。巴塞罗那有一间餐馆我很喜欢,便决定在当地住一晚上。带我们游览巴塞罗那的员工永田充先生于是请求我说:"能请您去店里看看吗?"

他在西班牙担任一号店和二号店的店长,是 MUJI 西班牙的核心成员。不过,他并非纯粹的良品计划员工,而是与 MUJI 缔结了授权合约的西班牙公司的职工。

永田先生老家在京都,在伦敦留学学习语言时结识了一位西班牙女性,后来两人便结婚定居在了西班牙,他本人也是个很热情的年轻人。据说他一开始在西班牙的鞋店工作,后来鞋店倒闭,就在他走投无路的时候听说了 MUJI 要在巴塞罗那开设一号店的消息，便前来应聘了。

当时他对 MUJI 几乎一无所知，但能理解 MUJI 的哲学理念，也牢牢记住了我们的机制，成为店长后一直把当地店员管理得很好。再加上他的西班牙语也很棒，成为了日本总公司和当地沟通的桥梁。此外，他当上店长后还到 IESE 商学院进修了半年，是个爱学习的小伙子。

可是，这么一个小伙子却一脸苦恼地对我说："能请您去店里看看吗？"

由于我当时在休假，便对他说："下次到欧洲视察时再去看吧。"可是他却不依不饶地说："我有个东西无论如何都想让您看看。"结果，第二天我们就到店里去了。

到那里之后，他让我看了商品数据，对我说："有些商品缺货非常严重。"我就问："不能采购过来吗？"他的回答是："我已经给伦敦下了好几次订单，但商品就是没有送过来。"因为欧洲店铺都由伦敦（MUJI 欧洲控股公司）进行统一管理，商品订单也都是发到那边去的。

于是我就留下指示："我最近还会再到西班牙来一趟，在此之前，你把缺货状态写成报告书准备好。"然后就回日本去了。

其后我联系了伦敦方面，请他们进行调查。结果伦敦的负责人却说："我们向日本采购的商品没有送过来。"

如果只听单独汇报，每个人的说法都不一样，这样一来根本查不清楚原因究竟在哪里。

于是我决定，把所有相关人员都召集到巴塞罗那去。

我还把负责生活杂货的人从日本带了过去，伦敦也来了三名负责人，而当地则有永田先生和授权公司的代表参加。全体人员参观了店铺内部，确认过没有送达的商品后开始了对谈。

永田先生等人提出："向伦敦发送了好几次订单都没有收到商品。"对此，伦敦的负责人则主张："我们每三个月按时采购一次。这是日本方面的过失。"此时，负责生活杂货的人当场确认记录，发现那件商品一直都有库存，却没有找到伦敦采购的记录。

为什么会发生那种事呢？原来西班牙的店铺下订单时想的是"哪怕是每个月只能卖上一两件的商品也采购一点回来备着吧"，

而伦敦则认为"那件商品并不好卖",因此没有向日本采购。

此外,日本出货都是用船运,到达伦敦要花上一个半月到两个月的时间,在此期间商品就会一直处于缺货状态。因此还要看准到货时机,提高采购的精准度才行。正因为那种问题凸显了出来,才能够全员共同讨论,各自提出如何防止缺货的意见。

又过了三个月,我召集身在日本总部的所有相关人员,希望确认那个问题是否有解决。从结果来看,这件事虽然没有马上很好地解决,但却在持续改善着。(因为不把所有相关人员聚集到一起就无法解决问题,我经常使用这种方法,这在海外是特别重要的一种思考方式。)

正因为有这么多心怀热情的人在各地拼搏,MUJI才能在海外顺利立足。

受到永田先生那股热情的影响,我也深入参与到了那件事中。若只通过电子邮件等途径接到报告,我恐怕只会对伦敦的人说"有人把这个问题报到我这边来了,麻烦你处理一下"而已吧。

各位读者,如果你们在海外遇到什么问题,请一定不要逃避,而要勇敢面对。或许那个问题并不能马上解决，可是只要你一直坚持不懈地想办法，就一定会有人对你伸出援助之手。

说到底，促使人展开行动的不是技术也不是什么别的东西，我想，应该是热情才对吧。

特别访谈

"在海外不断取胜的 MUJI"之关键人物，
良品计划社长松崎晓先生问答

【松崎晓简介】

良品计划社长。一九五四年出生，一九七八年入职西友STORE（现西友有限公司），二〇〇三年任亚洲金融事业部高级总监。二〇〇五年加入良品计划。历任运营总监海外事业部中国业务部长，专务董事海外事业部长，二〇一五年任现职至今。

西友时代交涉离婚，良品计划时代交涉结婚

大学毕业后，我加入西友，在法务部和国际事业部负责工作。我在国际事业部待了十一年，最后那四年的工作重心全都是海外店铺的转让和清算。

二〇〇一年沃尔玛决定收购西友时，提出了"我们收购的是日本超市西友，这里不再需要国际事业部"的说法，使我们不得不面临一场大整顿。

为此，我们必须找到好不容易建立起良好关系的当地合作伙伴，请他们将合同取消。再加上又是马上就要被废除的部门，根本没法从公司内部调集人手。于是那段时间，我每天过的都是一个人与各国合作伙伴进行"离婚交涉"的日子。

其中还包括费尽口舌才搞到投资签了二十五年，却不得不仅仅五年就解约的合同。为此我被对方责备了一通："松崎先生，你这是说的什么鬼话。当时不是说要做二十五年吗？"尽管如此，我还是得把头压得低低的，跟人家将原因讲清楚。

那种交涉在海外应该算是比较冒险的行为吧。当时一个在国外商社工作的朋友甚至建议我："为了安全起见，你最好每天都走不同的路线回家。"

在清算曼谷的事业时，我在泰国住了一年半。当初我们在泰国是与当地公司成立了合资公司，后来又请他们让我们加入了商社的当地法人。最终要把公司关闭，解聘员工，出售资产，把钱全都还给出资者。尽管如此，那也只抵得上他们所出金额的几分之一而已。

后来我回到日本，其中一位出资者公司的副社长给我寄了一封信。

信上写着："我从未遇到过这么短时间就被清算掉的案例。作为出资人，我蒙受了损失，但你们还是想尽办法向出资者返还了部分资金。对此，我表示非常感谢。"当时我便切身体会到，只要**秉着诚实、公正、守法的原则进行交涉**，即使在不得不给对方造成麻烦的时候，也还是能够得到理解的。这个体验后来变成了我的信心来源。

当时我把除新加坡以外的所有分公司全部出售后，便来到了良品计划，被分配到海外事业部。

这次情况发生了一百八十度的转变，我的工作变成了"结婚"（开店）。因为方向一直是扩大、扩大，每天都像度蜜月一般，这样的工作做起来真是太开心了。

无印良品海外事业部的重构

其实，早在一九九一年MUJI首次走出国门时，负责与伦敦自由百货商讨合作合同的人，就是良品计划的前社长木内政雄和我。无印良品起初是作为西友的自有品牌诞生的，而西友法务部还具有集团公司的法务职能，因此当时MUJI相关的法务工作都交给我来负责了。

与香港永安集团开合资公司的时候，我也参与到了合同签署的工作中。早在转到良品计划以前，我就跟MUJI有着千丝万缕的联系。

MUJI从亚洲撤退后，于二〇〇一年再次进入香港，我在香港西友对MUJI发出了邀请。因为当时我在西友负责国际事业部的工作，便对他们说："能不能到我们这里开一家MUJI的店铺？"MUJI的那家店铺，创造了开业第一天营业额的世界最高纪录。这就成了MUJI复活的第一个信号，最终使海外事业实现了盈利。

这样回顾一番，我发现自己一直都与MUJI保持着若即若离的关系。

在日本登记无印良品这个商标时，负责各种事务的也是我。因为无印良品由"无印"和"良品"这两个一般词汇组合而成，特许厅以"我们不能将普通词汇登记为商标，让一家企业享有独占权利"为理由，并没有给我们商标许可。所以，在将近十年的时间里，我们都没能注册商标。

当时的商品标签上统统没有加上"无印良品"的名称。这虽然是因为无印良品坚持贯彻不用商标来经营的想法，但其中还是存在问题的。如果不附在商品上，那就不算是"使用商标"的状态，就有可能受到第三者"不使用取消"（"该商标未被使用在任何地方，请有关部门取消注册申请"）主张的威胁。此外，若不进行注册，"无印良品"就会变成什么人都能随便使用的标识。

于是我对堤清二和田中一光先生提出请求："请在标签上加入品牌名称。"最后总算落实了。

二〇〇五年，我转到良品计划工作，当时海外事业部已经摆脱了常年赤字，实现了盈利，可是公司内部对海外事业却毫不关心。由于我在西友已经体验过了没有任何人帮忙的困境，顿时感到"这样不行"。

于是我想："重新打造无印良品的海外事业部便是我的工作。"简而言之，就是**让海外事业部不再作为一个独立的部门，而是在每个部门中设置海外负责人从事有关工作。不这样安排的话海外工作就难以展开，也无法获得成功。**

我堂堂正正地对部下说，海外事业部总有一天会解散。由企划室或某个组织进行管理，国内外融为一体，实现"各部门自主负责海外事务"是我工作的目标。

随后我开始积极地分解自己所在的部门，将海外的商品调配机能转移到总公司的商品部，在商品部设置了海外商品负责人。现在，所有部门都在进行着海外工作。

另外，我在就任社长之后，又建立了欧美事业部、东亚事业部和西南亚·大洋洲事业部这三个事业部并行的体制，每个事业部负责各自地区的整体运营。海外事业部随着公司发展而消解，我心中所描绘的目标已经实现了。

让交涉成功的三个基本

每次在海外开店,我必定都会到当地去走走,视察店铺的选址。所以一年三百六十五天,我有二百天都在旅途中度过。假设每年在海外开设五十到五十五间店铺,我就视察了比那个数字要多三倍到五倍的店面。因为我们尽量不通过中介,而是自己与开发商进行交涉,那个数字已经是极限了。同时我也认为,自己进行了很是深入的交涉。

很多人都认为在海外进行交涉很困难。

确实,每个国家使用的语言、人们的生活习惯和文化都不尽相同。可是我一直认为,只要自己把握着一个确切的尺度,就没有必要根据国家的不同而改变交涉的方法。

那个尺度,就是遵守法律,公正诚实。在不同的国家,我们会遵守不同的礼仪和当地风俗,并尊重人们的习惯,但守法、公正、诚实这三点,无论在哪个国家,我们都坚持了下来。

特别是在海外,潜藏着在日本根本想不到的风险,所以若没有遵守那个国家法律的意识是绝对不行的。我也并非熟知全世界的法律，因此便会选择在当地寻找值得信赖的律师，以对风险进行严格的管理。

此外，找到我说"松崎先生，下次请在这个地方开店吧"的中介数不胜数。可是，那毕竟是让中介赚钱的邀请，我们只是被利用的角色，因此我们从来不会接受任何人的介绍进行交涉。

我们也不会去见"间接的人"。如果有日本公司说"我想跟你谈谈中国的某某公司"，我一般都会拒绝。因为我认为，**海外交流都以直接交流为基本原则，那些不自己进行直接交涉的公司，就算见了也没有意义。**

同时我还有个规矩，就是**在中国的开店交涉只进行两次**。如果对方能接受我们提出的条件，我们就去开店，如果不能接受，就会明确告诉对方这件事就算了吧。这也是避免"让对方捡便宜"的方法之一。

因此，中国的相关人士中流传着这样的说法：MUJI不仅仅有简约的商品，还有简洁的交涉。

第一年度出现赤字也能在三年内转为盈利

我们在进入某个国家前,从不会做那个国家对 MUJI 持有多大的关注、MUJI 的认知度有多高这种调查。

那是因为,我们进入的国家通常情况下都已经有了 ZARA、H&M、优衣库、宜家以及星巴克这样的海外企业进驻。既然那是一个能够接纳海外时尚和杂货、食品的国家,MUJI 自然也能被人们接受。

而且,MUJI 销售的是日常生活中使用的东西,设计美观且品质良好,同时价格也很合理,必然会吸引顾客前来。因此,我们就没必要在市场调查上花费不必要的经费。

相对地,我们却会使用"开店基准书"来判断开店与否。

虽然我们坚持以"开店基准书"为参考,精确计算过是否能够盈利后才会开店,但还是会出现营业额比预测的要少 50% 的情况。

比如周围突然开始了计划外的地铁整修工程,导致通往店铺的入口被堵住了;或是在商城彻底完工前就入驻了,由于别的商家还没入驻，导致今后的两年间客流量也不会增多；以及其他诸如此类的情况。

有的店铺会因为那种外部因素导致业绩比预期少了50%，但我认为重要的是今后的发展。只要第二年上升30%，下一年再上升50%，**用三年时间实现盈利就没有问题**。

当店铺达到三百间以上时，便会出现店员教育不足、员工关系差等问题，不可避免地会出现一些店铺管理良好，另一些店铺管理不善的局面。只是，那些内部因素并不会导致营业额下降。那是因为，MUJI已经未雨绸缪。

每个月，所有国家的分公司都会召开当地店长会议，这是MUJI必须贯彻执行的基本规则，而且各店铺还会有那个国家的区域经理随时巡视，发现问题便会马上调查并改善。只要拥有不纵容问题、发现问题后马上解决的企业文化，其内部因素造成的影响就能控制在最小程度。

俗话说流水不腐。只要能像清水一样不淤塞，川流不止，MUJI就能一直拥有在海外取胜的体质。

在其他国家建造"展示厅"的创意

MUJI 在中东地区的迪拜和科威特开店时,我经常在公司外部听到"那样喜欢夸张华丽事物的国家会有人接受 MUJI 吗"这样的意见。

可是,公司内部却全然听不到那样的疑问。

我已经在公司内说过,到中东地区开店其中的一个目的,就是为了建立"面向印度的展厅",同时也对当地的授权商传达了这个意思。

印度和中东地区间乘飞机只有三小时距离,而印度的富有阶层都会到中东去购物。当然,首先我们希望在中东扩大店铺数量。为此,在市场营销的意义上,我们定下了"为印度来的顾客建立展厅"这个方向。

实际上,后来我们到了印度,确实经常能听到"我在迪拜商场看到过你们"的声音,因此可以认为,那个目标已经实现了。二〇一六年春天,我们计划正式进军印度了。

现在，迪拜商场店的营业额状况良好。原本中东人在欧洲也经常光顾 MUJI，并给出了"MUJI 的商品简约而实用，同时品质也很高"的评价。看来，我们的简约在中东人心中也引起了共鸣。

我到香港开店时，做的也是进而向中国内地进行品牌宣传的打算，而新加坡则是面向东盟诸国的展厅。二〇一五年秋开业的纽约旗舰店同时也是面向南美的展厅。

近几年我到巴西的圣保罗和厄瓜多尔的基多去看了看，兴奋地意识到"我们应该马上进军这里的巨大市场"。可是，南美关税高昂，如果选择进口在亚洲工厂制造的商品，就会使单价变得十分昂贵。我们本来就是从"有理由，所以廉价"起步的品牌，一开始就用如此高昂的价格销售商品岂不是成了自我否定？要在南美用合适的价格进行销售，就必须在当地或北美进行制造，所以如今我们还处于创建体制的阶段。

世界经济实际上联系得非常紧密，因此我认为，在造访那个地区的外来顾客中提升 MUJI 的存在感，然后再进入那些顾客所在的地区，这样的流程非常重要。

　　这样想来，进驻的顺序也很重要。首先在处于同一文化圈内、能够理解日式风格的亚洲发展，打好基础，然后开始走向难度较高的美洲和欧洲，这样一来或许会更容易成功。

向海外发展必须先把握自己的长处

要向海外发展,就务必要正确把握"自己的长处究竟是什么"。

我在西友时代从沃尔玛学到的东西,就是他们从头到尾都贯彻了只在自己擅长的领域战斗的姿态。不拘泥于眼前利益,把经营资源全都集中到了公司最为强劲的事业领域和经营模式上。

那样的体验让我学到,如果不把握住自己的核心和长处再开展事业,到了海外是不会顺利的。

MUJI 并非一开始就做到了那一点。

其实,MUJI 直到最近才能每天实时查看各国的总营业额。在这个 IT 如此发达的时代,MUJI 作为很早就开始海外事业的企业,在此之前还一直都使用 Excel 文档向东京总公司发送营业额报告,想必众位也觉得这是非常过时的做法吧。

那是因为我们在国内快速发展商品盘点和物流机制的同时,却没有想到要将那个机制带到海外去。这样一来,就白白浪费了好不容易培养起来的长处。二〇一〇年,我们才总算把商品盘点和物流系统投入到了中国。紧接着，又陆续带到了其他国家。

　　我在海外这么多年工作下来有个感触，那就是做生意不存在所谓"王道"。真正管用的，应该只有认认真真思考如何把公司品牌做大，并一直践行下去吧。

　　MUJI二〇〇五年进入中国市场，其后两年间，我们没有接到任何开店邀请。

　　这一方面也由于当时正在与当地企业进行诉讼，但更大的原因应该是MUJI的知名度还没有渗透到中国。所以，一开始我们都是自己寻找适合开店的地方再主动去交涉的。而到了二〇〇八年，我们开设的店铺成绩斐然，业界开始流传"MUJI卖得好"的评价，这才开始有人向我们发出邀请了。在此之前，我们所能做的只有认认真真地通过店铺进行销售活动。

　　经过一段时间的坚忍付出，MUJI终于开花结果了。

　　对我个人来说，开始从事海外工作后，我做判断变得更加迅速了。其实我本来是更倾向于三思而后行的性格,但在海外事业上却时常会面对必须当机立断的情况。现在,在那种情况下,我感觉自己的判断速度快了不少。

此外,我还有一个信条,那就是无论对方询问多么琐碎的事情,都必须用"Yes"或"No"来正面回答。就连"那个东西好不好吃"这种小问题,我都让自己老老实实地说出内心的想法。

那是因为,在海外,缺乏自我意识的人得不到好评。

日本人会把内敛、"不出头"作为一种美德,但到了海外,那是一定会吃亏的。

当有人问我"松崎先生,你觉得这怎么样"时,如果给出暧昧不清的回答,那个人对我的评价就会下降。所以每当有人问到我的想法,我都会用"Yes"或者"No"来认真做出自己的回答。

留在我心中的一句话

直到现在我都难以忘记,在MUJI到海外发展的初期,当时的社长所说的一句话:"无法在世界成功的企业,在国内也难以生存。"

我认为那是一句至理名言。现在那句话听起来虽然有点理所当然,但在二十世纪九十年代初期,真正有魄力到海外发展的日本企业屈指可数,因此那句话给我留下了很深的印象。

现在这个时代,全世界都成了一个巨大的交流网络,如果无法战胜世界级的选手,在日本也自然不可能存活下来。

因此,如果现在还看到有企业认为"我们只在日本发展就好",我会感到疑惑不解。一家企业若非属于外行无法介入的特殊产业,应该就不得不走上世界市场,积累在本国战斗的力量的同时,向世界迈进。

MUJI今后还将继续扩大海外事业,而将接力棒好好交到下一个人手上,是我目前最大的使命。

MUJIRUSHIRYOHIN GA, SEKAI DEMO KATERU RIYU
©2015 Tadamitsu Matsui
First published in Japan in 2015 by KADOKAWA CORPORATION,Tokyo.
Simplified Chinese translation rights arranged with KADOKAWA CORPORATION, Tokyo
through JAPAN UNI AGENCY, INC., Tokyo

图书在版编目（CIP）数据

无印良品世界观／（日）松井忠三著；吕灵芝译 .—北京：新星出版社，2017.3
ISBN 978-7-5133-1009-3

Ⅰ.①无… Ⅱ.①松… ②吕… Ⅲ.①轻工业-工业企业管理-经验-日本 Ⅳ.① F431.368

中国版本图书馆 CIP 数据核字（2017）第 032966 号

无印良品世界观

（日）松井忠三 著；吕灵芝 译

策划编辑：东　洋
责任编辑：汪　欣
责任印制：李珊珊
装帧设计：@broussaille 私制

出版发行：新星出版社
出 版 人：谢　刚
社　　址：北京市西城区车公庄大街丙3号楼　　100044
网　　址：www.newstarpress.com
电　　话：010-88310888
传　　真：010-65270449
法律顾问：北京市大成律师事务所

读者服务：010-88310811　　service@newstarpress.com
邮购地址：北京市西城区车公庄大街丙3号楼　　100044

印　　刷：北京汇瑞嘉合文化发展有限公司
开　　本：787mm×1092mm　　1/32
印　　张：9.25
字　　数：88千字
版　　次：2017年3月第一版　2017年3月第一次印刷
书　　号：ISBN 978-7-5133-1009-3
定　　价：40.00元

版权专有，侵权必究；如有质量问题，请与印刷厂联系调换。